红了樱桃,绿了芭蕉

● 闫荣霞 主编

中学生必读励志类经典美文
中考作文素材类优秀作品

作者曾多次命中中考作文及阅读理解原题

哈尔滨工业大学出版社

图书在版编目（CIP）数据

红了樱桃，绿了芭蕉 / 闫荣霞主编. —哈尔滨：哈尔滨工业大学出版社，2021.8
（全国中考语文热点作家精选）
ISBN 978-7-5603-9509-8

Ⅰ.①红… Ⅱ.①闫… Ⅲ.①阅读课–初中–升学参考资料 Ⅳ.①G634.333

中国版本图书馆CIP数据核字（2021）第110915号

红了樱桃，绿了芭蕉
HONGLE YINGTAO,LÜLE BAJIAO

策划编辑	张凤涛
责任编辑	张羲琰
装帧设计	博鑫设计
出版发行	哈尔滨工业大学出版社
社　　址	哈尔滨市南岗区复华四道街10号　邮编150006
传　　真	0451-86414749
网　　址	http://hitpress.hit.edu.cn
印　　刷	哈尔滨市石桥印务有限公司
开　　本	787mm×1092mm　1/16　印张11　字数180千字
版　　次	2021年8月第1版　2021年8月第1次印刷
书　　号	ISBN 978-7-5603-9509-8
定　　价	29.80元

（如因印装质量问题影响阅读，我社负责调换）

目录 CONTENTS

第一辑　冬日春光

惊蛰雷 / 2

听春 / 5

清水养闲花 / 8

五月，五月 / 10

麦夏 / 12

陶醉落叶 / 14

落叶满阶红不扫 / 16

被落叶惊醒的下午 / 19

秋将尽 / 21

满城冬 / 23

冰花乱 / 25

一把沉默的刀 / 28

冬日春光 / 30

第二辑　一颗露水里，养着一圈年轮

风在枝头望什么 / 34

静听秋声满天风 / 36

芭蕉过雨绿生凉 / 38

雨季的雨 / 41

窗外雨声 / 44

风雨荷塘 / 46

一颗露水里，养着一圈年轮 / 48

经霜 / 50

下雪了 / 52

北国看雪 / 55

边走边白 / 57

洁白的雪 / 60

江南雪 / 62

第三辑　影是光的语言

《枕草子》节选 / 66

月亮堂堂 / 69

影是光的语言 / 71

看云 / 73

顶上寂寞 / 76

老墨 / 78

看这个世界红了樱桃，绿了芭蕉 / 81

晓色 / 84

绿窗明月在 / 86

夜静得太美 / 88

东篱黄菊和酒栽 / 90

一树啼 / 92

叶鸟鱼枝 / 95

第四辑　黄河之水天上来

再过周庄 / 100

云南的云 / 102

灶台前唱歌的男人 / 105

冬日衡水湖 / 108

坝上月 / 111

佗城不是城 / 113

一日看尽洛阳花 / 115

古战道与水长城 / 118

心中的瀑布 / 122

卧听荒村风吹雨 / 125

聆听承德的声音 / 128

黄河之水天上来 / 131

第五辑　跟着诗词去旅行

不要空喊读书 / 134

驯养一本《红楼梦》/ 137

标点的脸 / 140

路过书，路过美好 / 142

用词不是一件随心所欲的事 / 144

普鲁斯特和马二先生 / 146

活的文字是心头血 / 149

一个清醒的边缘者 / 152

百年老课文 / 155

绍兴四叠 / 157

湖山一"粒"人 / 160

最忆是杭州 / 162

烟花三月下扬州 / 166

第一辑
冬日春光

蝴蝶翩跹花丛,蜜蜂振翅采蜜,牛羊噬食青草,春燕衔泥育雏……

这个世界,在惊蛰的雷声之后,繁忙而清平。万物怀着使命,生发,壮大。踩着惊蛰雷的鼓点,向上,向广袤处生长。

惊蛰雷

冬晴

惊蛰未到，春雷已鸣。

但到底过了雨水节气，这雷该归于惊蛰的了。几通破天的春雷响过，春天就有了堂皇立起来的气象。

春到人间。不只是花开得无收无管，不只是雨下得连天连地，不只是风柔得无骨无底线，春天还有雷，雄浑的、撼天动地的雷。

惊蛰，惊蛰，是雷来惊了这些蛰伏的昆虫、蛰伏的鸟兽，还有冥冥然蛰伏的人心。春天的首场秀是属于春雷的。

春雷一响，万物起身。

甲虫，蚂蚁，青蛙……它们在泥土里翻身，揉眼，伸胳膊伸脚，相互提醒着：起来啦！起来啦！多像我们当年读书时节，住学校的集体宿舍，沉实而甜香的晓梦中，忽然"嘀——"，嘀上十几秒不歇气，起床铃就这样悍然凿破晨晓清凉寂静的空气。十个丫头，大呼小叫地起床，刷牙、洗脸，梳拢头发，都是八分之一拍的节奏，转眼齐刷刷坐在教室里晨读。刚刚还像软答答的面粉团，从被窝里拖出来，现在已然是撂进了油锅里，炸成了硬挺挺的大油条，齐齐插进竹篮里。

惊蛰的雷，就是这样的起床铃吧。

想象春雷抵达的大山深处草原尽头，一夜轰轰然，翌日天气晴好，一头黑熊踱到涧边喝水。春水清甜，隔岸有狮子也在深饮。春水荡气回肠地在体内一番折转流淌，于是，野兽有了奔跑的力气。一抖擞，骨骼高耸，重振捕获猎物的雄心。

在细雨江南，柳芽早已爆得丰硕，好像即将临盆的孕妇，就等惊蛰的那声雷来催生。"轰隆——轰隆——"，明早的河岸边，那些垂柳已经解衣分娩，生出一片片的细叶子。

舅舅家门前的牡丹，花蕾打在含羞拘谨的叶子里，喧宾夺主地一副要盛开的架势。雷壮花的胆，叶子们格局还没打开。

好吧，开花就泱泱地开，桃花李花海棠花，萝卜茼蒿白菜花……一城风雨一城花，一场春雷一场花。花开有期，跟着春雷的脚步，花开无疆。

雷声伴着雨声，轰轰然里是滴滴答答的和声，好像上古时候祭天地求五谷的仪式。春天真庄严。

我坐在羊年的春夜里，坐在雨夜的窗台边，听春雷声声又声声，觉得这雷声又像是盘古在开天，辟地。

轰然一声巨响，破空砸来。古城，旧塔；旷野，庄稼，林木，河塘；城里城外千门万户的灯光……都在这千钧一砸里。但它不是破坏，不是攻城略地的侵扰，它是为了立，为了生发，种子生出胚芽的生发，老根抽出新枝的生发。

雷声雨声里，无端就起了抱负，觉得必要做些方正久长之事，方不负了这庄严神圣的时节。春雷滚过天宇和头顶的那刻，我决意要收起疏懒，收起踌躇，奋力去搏……是春雷陡添了人的胆气硬气。

惊蛰了，不再低眉敛目，不再垂首思旧。惊蛰了，潜龙抬头，众神归位，各司其职。

惊蛰了，被春雷夯实的大地，长风浩荡，万物生长。繁华亦丰富，蓬勃亦有序。

流水将蜿蜒清澈地流淌，一路向前，一路汇聚，在大海里永生。

花朵将浩瀚盛开，用熬得熟透的色彩，描画山川的同时，也伏笔一个盛大的秋天。

泥土将愈加忠诚和深情，它紧紧地拥抱草木花朵和庄稼的根，像祖母看护一群儿孙。

蝴蝶翩跹花丛，蜜蜂振翅采蜜，牛羊啮食青草，春燕衔泥育雏……

这个世界，在惊蛰的雷声之后，繁忙而清平。万物怀着使命，生发，壮大。踩着惊蛰雷的鼓点，向上，向广袤处生长。

美文赏析

本文最大的特点就是多次运用比喻、拟人的修辞手法，将惊蛰后出现的美景一一雕刻出来。例如："在细雨江南，柳芽早已爆得丰硕，好像即将临盆的孕妇，就等惊蛰的那声雷来催生。"文章里出现的美景都是被惊蛰的一声雷所唤醒，作者以此规律来写景，是很有趣的。

听春

厉彦椿

"春打六九头。"又是一年芳草绿,春风十里杏花香。立春第二天,济南下了一场小雪,可谓第一场春雪。春天确实挡也挡不住,走到户外,长长地、深深地吸一口气,异常清爽惬意。在不经意间,春天已飘然而至,春天的大门已经打开,只要屏气凝神地聆听,自然就能听到春天的脚步声,越来越近。一不小心,思绪在春天的声音中滑倒,与春娃扭成了一团……

春天是万物生发的季节,每时都有新生命在萌动,每刻都有新希望在诞生。春天的脚步是轻盈的、匆忙的,又是舒缓的、美妙的。济南这座城市"春脖子"特别短,不几天光景,人们就脱下棉衣换上衬衫了。城里的春天,无非是道路两旁的树木由枯到荣、草坪由黄变绿。城市的季节变换主要集中在视觉上,春天的声音已被繁杂的噪声掩盖,令人难以忘怀的还是乡间的春天。闭上眼睛,脑海里悄然展开这样的画卷:天高,云淡,田野空旷,和风拂面,野草如织,野花似锦。春雨绵绵,春雨声声,一场春雨一场暖。细腻柔婉的春雨过后,几朵白云点缀着蔚蓝的天空,密密匝匝的花草探出尖尖的脑袋,青春的希望陡然钻破残雪覆盖的土层。记得我童年的时候,农家日子紧巴,一下雨河边就齐刷刷地冒出苦菜、灰菜、马齿苋、荠荠菜、野韭菜、野葱等可以充饥的野菜。河岸柳林含烟,所有的花、草都在风中翩然洒脱地舞蹈,一幅北国早春画卷被春风徐徐展开,透出久违的清韵、旷达与飘逸,还有不尽的淡雅与从容。

暖洋洋的西南风一吹,动物也从酣睡中苏醒了。催春的布谷鸟从田野掠过,我分明看到它的翅膀上写着的艰辛与沧桑。小燕子拖着剪刀似的

红了樱桃，绿了芭蕉

尾巴，衔着春光，呢喃着返回家乡，有的衔泥筑巢，有的嬉戏云间，舞姿翩跹。河湖上的冰开始消融，在水底下憋了一冬的鱼儿欢快地跃出水面。勤快的鸟儿吵醒花草憋闷一冬的梦。山前屋后，报春花、玉兰花、桃花、杏花、梨花摇曳一树的金黄、粉红、雪白，引来蜂飞蝶舞。蜜蜂嗡嗡地忙碌着，蝴蝶俊美的翅羽扇动缕缕清香。知名和不知名的虫儿，弹奏此起彼伏、高低宏细、灵性各异的美妙乐章，成为春天开篇的序曲。鹅妈妈带着一群披着淡黄色绒毛外衣的小鹅在学游泳，稚嫩的叫声划碎盈荡的水面。

  树木新抽的枝条，像一双双挥动着的手臂，在拥抱新娘般的春天。此时，人们可以静静地坐着或者躺着，尽情沐浴暖洋洋的春光，享受春风的轻柔，咀嚼阳光的味道。河岸上的男童，劈下几根光滑的嫩柳条，小心翼翼地拧开绿树皮，抽出里面那白花花的枝干，剩下外面绿油油的皮，制作成柳笛、柳哨、柳号，然后再做一顶柳帽。一群穿着红裙子的孩子正在远处的草地上雀跃，"春天在哪里呀，春天在哪里"的童稚歌声悠悠飘来。不远处，头上别着野花的大姑娘、小媳妇在畦垄间追逐、嬉闹，采野花，挖野菜，银铃般的笑声萦绕在空旷的田野。农民开始耕田播种，累了就坐在田头喝碗水、抽根烟，片刻之后，张开喉咙，长吸一口气，吆喝起野味十足的赶牛调，粗犷的山歌如烈性老白干，把田野灌醉了。那清脆的笛声、笑声，哗哗的河水声，粗犷的吆喝声，汇集成和谐优美的乡间协奏曲。

  春风在跑，春雨在飘，野草在舞，野花在笑，大自然的春天降临了。寒冬过后是暖春。我们用耳朵听，用心听，用生命听，用灵魂听，听到春天的脚步声，烦恼和疲倦顿时烟消云散，自由豪放的心境融入自然，在春天里绽放律动的生命和蓬勃的希望。春天从不吝啬春光和春色，春天的脚步正与心灵合弦、与时代合拍，带着我们的梦想，奔向阳光的方向。万物接受着春天的恩泽，放飞五彩斑斓的梦想。

  春天的脚步，是生命自由舒展的胎音，是大自然铿锵的脉搏和庄严的承诺。

美文赏析

春天来了,随着春风春雨春光,万物生发,小草绿了,树木青了,鲜花开了,动物也苏醒了。鸟语花香,蜂飞蝶舞,还有孩子们的欢笑,大姑娘、小媳妇的嬉闹,老农们的吆喝……春天孕育着希望,春天绽放着梦想,一年之计在于春,让我们从春天出发吧。文章语言流畅,热情满满,有很高的艺术感染力。

清水养闲花

陈婧

　　春天一步步走来。

　　柳丝先绿，摇漾如线。

　　杏花开了，粉红嫩白。

　　榆钱串串，挂在枝上。

　　杨树叶子像小桃叶，满树淡紫的桐花也高举。椿树也发出紫红的芽子。这是谁家的果树，长出一树丰厚的白云彩。一只小狗胖成圆球，用滚的去走路，露出粉红的小屁股。

　　今天再看，桐花已经有一朵两朵零星萎在路边，路旁的小草长出来了，大如钱，毛茸茸，又绿又圆。一种叫"妈妈奶"的野草也长出来了，不知道什么时候偷着长成这么大的叶片，开出毛茸茸的绛红花，拔一朵，吮一吮，有点甜。

　　这时候还下雪，远处的城墙，城墙上的枯槐，近处的菜园子，春菠、春韭、春莜麦、香菜，全蒙着一层白雪。又停留不住，房顶上滴滴答答往下滴水。天很干净，地也新鲜。水汽还没散完，柳毛就开始飞。再过两三天，香椿树长出叶，再过几天，就能切碎拌豆腐。

　　弯曲的小径两边的菜地浇上清水，细草被裹着泥拔出来，地里男男女女干一些不紧要的活计，像偷安春光的意思。墙边两个小孩子，一个男孩，一个小小的女孩，真小啊，像个玩具，却在裤带上挂一个亮闪闪发着银光的大钥匙串，上面一把把钥匙把她衬得更小，手里玩弄一把大铡刀一样的剪指甲刀，跟着那个小男孩。

路上一个老太太，一步一步走，走过去，又走回来，前一二三四，后退，转身，后一二三四……她在练跳舞。春天里的人真有趣。

这些东西，是有一颗闲心，才能看见的一缕闲情。就像清水里养的一朵两朵闲花，静静地开出来。不艳，是列维坦笔下一笔一笔干净幽凉的苍黄素白。

闲心是好的，看柳苞柳叶，吃浮瓜沉李，又持蟹赏桂花。世情如霜，容易把心戳出一个一个洞来，又填上一堆一堆毛和土，夯实毛躁不透气的烦。再没有一点点闲心闲情，就觉得没有生趣。何不于苦痛求索之余，把一颗心善加布置，可有一盆清水，养闲花一枝。

夜深了，人静了，月圆了，灯亮了，闲书打开了，哭了，笑了，梦了，醒了，第二天起床，太阳又成新的了。抑或是拈一支画笔，画松树、秋天的原野、山村、山路、鹤、鹿、扬帆的船、一个人的年岁，春、夏、秋、冬。甚至什么也不做，就是坐着，听风。三月间的傍晚，缓缓吹来的带着雨气的风。八九月里夹着雨吹来的风，雨脚横扫，风飒飒地吹来。有心情的时候，还可以片片断断，吟一首前人的词："细雨斜风作晓寒，淡烟疏柳媚晴滩……蓼茸蒿笋试春盘。人间有味是清欢。"

不悲痛，不祈愿，不放逐，不激烈，不回忆，不惆怅，不感叹。清明的欢喜，好似只需呼吸。

美文赏析

作者有一颗柔软的心和一双善于发现美的眼睛，在作者的眼里，到处都是美好的景象。之所以能够发现这些景象，是因为心闲心静。文章运用了长短句相结合的表达方式，读来错落有致，如同大珠小珠落玉盘。

五月，五月

许朝颜

　　五月，是一个清明的季节。大地清明，人心清明。
　　红的桃花，粉的杏花，金灿灿的迎春花，都从枝头上悄然退下。一夜的雨，一朝的风，搭一个软梯子，一瓣一瓣地接她们回归尘土，回归流水。五月，是初夏，叶在枝头上潜滋暗长，很静。于春，它像一个人，从繁华的高处转身下来，丢了纷扰，安身于低处，懂得内敛，懂得换个方式抵达。于夏，它像一页白稿纸，动笔了，尚在第一行，但结构和主题已成竹于胸。
　　窗外，香樟开花，一粒粒淡黄的花朵儿撒在枝叶的面上，香气缠进风里。花不起眼，香味惊人。像某类人，才情出众，是不屑于修饰外表的。院墙上的金银花也来了消息，一根根蔓上，举着小棒槌样的细蕾，淡白的，浅绿的。
　　枇杷在枝头是青的，也还没起毛，成熟还有个把月，此刻是攒了劲地长，心无旁骛。六月桃小小的，像婴儿攥紧的小拳头，藏在枝叶底下，还不知道用心思招人。我的孩子和他的伙伴站在楼下的葡萄架下，对着架上的一串串小葡萄，指指点点，看样子有点馋。站在楼上看，结了伴的这一群小子，我当他们也是一串葡萄，圆乎乎的脑袋瓜儿，到哪都是三五七八一阵儿。哪用得着盼，只要有耐心，一眨眼，就大了。叶绿的时候，子小；子成的时候，叶老。结构跌宕，主题永恒。
　　马兰头已经吃过了，芦笋也已经高过了额头，需要仰视了，餐桌上，野味渐少。田野上，小麦已抽穗，油菜已结角，但还是青的，一场农事还在铺垫，还在造势。这个时候，婆婆是闲的，她会去街上捉几只小鸡小鸭回家伺候。天不冷了，气温没有大幅的波动，小东西们长得快。只是，赶上星期天，她的小孙子们常常去抢她的这些宝贝当鸟来玩。弄得她常常站在胖乎乎的孙子和胖乎乎的小鸡之间，左右为难，不知道疼谁好。小鸡叽叽地叫，她求孙子放了；孙子哭了，她又笨拙地去抓小鸡。

去年冬天，跑来一只野猫。五月，阳光好，野猫也做了妈妈。好善的楼下伯伯将四只小猫安顿在一个纸盒里，遇人就招呼说，谁家剩了好吃的，要送过去，小猫等猫妈妈的奶水呢。几个年轻的妈妈在一起商量，说千万不能让几个小子知道了，怕他们不知道怎样爱小猫，抱了到处跑，结果弄疼了那四只小猫。

目光指向低处的爱和关怀，是纯净的，无杂质的。

上午，坐在窗台边。弃了冬装，又弃了春装，很轻松。风穿过香樟的叶，不冷也不凉。曾经，这风，盛夏的时候是热的，隆冬的时候是寒的；但是现在，是收了棱角锋芒的。

得闲的时候，石阶上坐坐。五月，我的生活和植物一样素淡，和天空一样清明，在万物的低处，抵达繁盛的夏。

美文赏析

作者从多个视觉角度出发，来描写五月天里的美景。作者笔下的植物也好，动物也好——都散发着祥和与舒适的气息。文章第二段中运用比喻、拟人的修辞手法赋予五月生命，更富有渲染力。

麦夏

瘦尽灯花

"田家少闲月，五月人倍忙。"为什么倍忙？因为要割麦。

家里开一个收粮站，毫无预兆，暴风骤雨一样，送麦的人就来了。

一大早砰砰拍门送麦，好比大过年放的第一个烟花，接下来噼里啪啦，噼里啪啦。到后半夜才拖着腿回屋睡觉，躺上床，乏倦的肢体刚伸展开，砰砰的拍门声又响起来。

来一车，就要拎那种专门用来测小麦水分的"叉子"（两根长长的尖脚，像一支方身子的大号圆规），往麦里一插，机械的女声就响起来："13""14""15.5"……根据水分定价，水分越低，价格越高，再高也不过一斤一块一毛多，种粮苦呢。

定了价格，农人把机动三轮车轰隆隆开到大磅上面过秤，记下数目；然后卸车，再"咣当咣当"开回大磅上面过秤，记下车皮的重量；然后"咣当咣当"开出大门，继续去大田里装麦。男男女女，周而复始，前车走了后车来。

偌大的场院堆满拖拉机，大家都不熄火，一起"蹦蹦蹦""轰轰轰"，震得人五脏都颤，从早至夜，无一刻稍安。

一场收获的狂欢。

到第三天，傍晚开始零星落雨，人们疯了一样抢收、抢割、抢送，几十辆拖拉机挤挨在一起，谁也出不去，谁也进不来。满院子人都在扯着嗓子疯喊，不喊听不见，越喊越听不见。

满场院的麦，愈堆愈满，一走一陷，像松软的沙滩。墨黑的夜，院里的白炽灯照着一个人影从麦堆里向着过磅的小屋飞奔而来,像翻爬山岭的羚羊,身姿矫健,近来一看,一个老头儿,总有七十多岁了。

还有一个老头子,晃着大肚子,像用网兜兜着一只大篮球,一步一颠地跑来跟前,问:"多少钱一斤?"

都这么老了,神气精神却像少年人。七十多岁的老奶奶苍白着头发奔来跑去,也像少年人。大家都像少年人。麦子让人返老还童。

到第五天,天色才终于晴开。又忙着把场院里的麦往外运,铺到公路上来回翻晒。我是农家出身,天生的跟土地亲,土根土芽土苗土叶,看见金黄的麦堆满场院,映着初升的金色阳光,好像全是我种出来的。收获啊。这是收获。

一只麻雀大模大样吃麦,我离它近近的,看得清那张小脸,跟张飞似的。鸟通常都是"笃笃笃"地蹦,偶然见它迈了一下前后脚,把我惊了一小跳:麻雀居然也会像人一样开步走了?

结果又下雨,又下雨,只能晴天晒,落雨盖。卧室就在几步之外,有闲回去,房间里的衣柜没关严,露出来裸色长裙的一角和明油绿的绸裤的一角,配上原木色的木柜,有一种老光阴优雅的情调。

外面布谷声声叫。

一个工人在场院里干活,说不上多努力,慢条斯理。金色的阳光打在他身上,场院里篷布蒙住的麦堆泛着金光。

这个麦夏,过去了。

美文赏析

农村的麦夏被作者非常细腻地讲述出来:微乎其微的动作、一句买卖话,甚至是机动车发出的轰鸣——无不充盈着麦夏时节的激情与充实。作者多次把人物的外貌和动作描写注入文中,使文章更加生动。

陶醉落叶

韩瑞莲

秋，一步一步地深了，一片片树叶飘落着，飘落着……

山峦上、广场里、公园内、小路旁，叶们轻声悄语、温情脉脉、不惊不扰地飘落着。山坡上、荆棘中、草丛里、树根处，到处都是树叶的身影。无论在何处，她们都是那样的不争不闹、无怨无悔。叶们从冬到春而夏，哪一季她们都不是主角，她们的美仿佛就在这一季，日益渐浓的秋色中才显露出来。

金黄的银杏叶、橙橘的枫叶、苍翠的杨树叶，还有细长眉眼的柳树叶、朴实憨厚的杏树叶，缤纷五彩、沸沸扬扬、细细簌簌，或成群结队秩序井然，或各自舞蹈独领风骚，她们飘得自然、落得妩媚。

她们从树的顶端落到地面、田野、屋顶，她们纵情于飘落中，一离开、一转身、一摇曳、一弧线都是那样的美。她们从没想征服谁、拥有谁、吸引谁，她们就是那样自然地在做自己的事情，而恰恰是这样的不经意，才是秋的实质，才是秋的本色。

小城的鼓楼南路，有成排的银杏树。疏密有致、高雅得体的树叶在树上像金片挺立着，富贵吉祥，安然圆满。走在路上，仿佛穿行在金黄色的梦幻里，亮堂、爽朗、开阔。科技园区超前路也是银杏树的领地，晚饭后散步到那里，赏观银杏叶，地上的一层层错落层叠，树上的一片片精神抖擞，地上地下遥相呼应，落与不落，一样的平静安详，一样的姐妹情深，一样的呼吸均匀。

随手捡拾起一片，半圆的扇面铺展而开，看似除了匀称的黄色再无其他，但确实是那黄色让人浮想联翩：还不知道她绿是怎样，怎么就那样的黄了呢？黄得老道、成熟、睿智、雍容，那黄该是绿承受了多少风雨鞭打，又吸纳了多少日月精华而来的呢？叶，她就那样黄黄地注视着我……

秋，越发地深了，忽如一夜秋雨来，第二天起来，凉气越发地逼人。在军都度假村的停车场，大片大片的杨树叶散落在地上，卷曲、平卧、挺直，什么样的姿态都有。禁不住在杨树叶上面走走停停，脚下不再有水泥的生硬而是绵软厚实。尽管有些湿润，走时还是能听到树叶刺刺拉拉的声响，那声音浑厚有力，像是深秋深沉含蓄的低吟。

在那雨还没有来的时候，两天前的午饭后，在度假村转了一圈，在人工湖的一侧，有一条曲折的石板路。路上、路边，柳树叶、槐树叶满地都是，由于阳光的照射，叶子在地面上酥脆干爽，同样是走上去，那声音却是咯吱咯吱的清脆，用脚轻轻地踢踏，叶们就追赶着与自己跳跃戏耍，那声音仿佛是一路嬉闹开心的笑声，声音不大也不持续，但却是那样的果敢、干净、纯粹。谁说落叶无声？谁亲近她，她才与谁絮语呢！而且那可都是知心话啊，在看尽繁华后的深秋，句句可都是济世良方、金口玉言呢。

一年一个秋天，在秋的一天天里，慢慢地走，慢慢地看，慢慢地想，在今天、明天、后天不断的落叶中漫步穿行，扑簌簌、金闪闪、亮堂堂，直至叶全部落下，那该是何等的快乐愉悦。那时，人们才会由衷地说：落叶，才是整个秋色中最美的。那日日纷落，层叠一起的落叶不正是一部关于秋天故事的书籍吗？落叶，就是这样纹路清晰地记录着每一个关于秋的日子。

美文赏析

文章先总写各种各样的树叶在秋风中飘落，是那么优美；接着由面到点，重点写银杏叶的平静安详，睿智富贵；然后写秋雨过后，大片杨树叶子飘落，是深秋的低吟，干净纯粹；最后对秋叶进行评价，抒发对落叶之秋的赞美。文章描写细致生动，形象而富有诗意，让人在秋之落叶飞舞的日子里，感受到生命的美好。借景抒情，情由景生，情景完美地融合在一起。

落叶满阶红不扫

凉月满天

秋天里落叶翻飞，到处重重叠叠，却又非绣非锦。正像千年古缎一朝挖掘，皱褶里藏着许多衰老和疲惫，让人担心一碰成灰。一下子想起一句诗来："秋风吹渭水，落叶满长安。"

碧水长天，一派清寒，风过处凉意无边。落叶开始飘飞，霎时间纷纷扬扬，覆盖了这样一座千年大城。汉唐的露水呢？美人的啼妆呢？达官贵人的峨冠博带呢？侠客长剑的呛呛龙吟呢？一切都如落叶，随风而逝。世间万事，岂非莫不如此。

我看着朋友拍摄的无定河，河水在秋凉中弯弯曲曲地静默，画面上拍不出的是满天飘落的叶子。而"可怜无定河边骨，犹是春闺梦里人"一下子把整条河流重新拉进历史。想当初这一把枯骨，也是一个肉身，有欢笑泪水，也有希望憧憬，烛影摇红里娶了妻，打仗了，从军了，战死了，埋骨异乡了，明明已经没了，可是他还停伫在妻子的梦里，哭着，笑着，爱着，恨着，相聚着，别离着。花一年年地开，这个人却再也回不来，而这一场纷纷扬扬的落叶，马上就要把整个世界都埋没了。

为什么突然想起这些，因为我正面对满山的落叶，看着它们雨样落下。想当初，春叶初滋，浅碧醉金，陶陶然迎风起舞，可是转瞬间就风雨交加。一片叶子一生能够经多少次风？历多少场雨？风狂雨骤中又有多少叶子中途离席？今天还在借着风力彼此触摸，唱着歌称兄道弟，明天已经天上地下，你东我西。落了的蜷曲在地，已经什么都不知道了，枝上的虽然日日悲悼，亦无可如何。谁知道明天的风雨中，落下的有没有一片叶子叫作你我。

我手里还拈着一片刚从树上摇下来的红叶，不知怎么就想起了一个故事：

秋天来了，一个小和尚天天扫落叶，扫得自己头大："这要扫到哪一天才算完啊。"老和尚跟他说："你把树上所有的黄叶全都摇下来扫出去，不就省事了？"于是小和尚抱住树狠命地摇啊摇，叶子铺满一地，他高高兴兴地全部清扫了出去。第二天清晨，他傻了眼，昨天的绿叶一夜之间变黄，然后落下，地上仍旧一片狼藉。老和尚摸着他的头说："傻孩子，落叶是扫不完的，今天干完今天的事就好了，不必为明天忧虑。"

我就是那个小和尚，对不可知的明天有过多的不安。为什么不低下头来，干好今天的事就好呢？安住当下，享受今天，何必要为明天忧虑呢。

"西宫南内多秋草，落叶满阶红不扫。"层层叠叠的红叶是我的心事，也许我倒真的应该把过去一切像落叶一样清扫出去，留一片空地给月光，留一片空地给霜雪，留一片空地给未来，留一片空地给自己。

然后我就会发现，其实秋天不光有落叶，还有成排成阵的大白菜，还有棉花开得雪白，蟋蟀吱吱地叫着。而秋风起兮，遍地落叶遍地金也是不错的景致。秋草蓬松，雨丝斜织里一派清明的酸辛正是秋的本味。

"当久久地目不转睛地看着深邃的苍穹，不知何故思想和心灵就感到孤独，开始感到自己是绝望的孤独。一切认为过去是亲近的，现在却变得无穷的遥远和没有价值。天上的星星，几千年来注视着人间；无边无际的苍穹和烟云，淡漠地对待人的短促的生命。当你单独和它们相对而视并努力去思索它们的意义时，它们就会以沉默重压你的心灵，在坟墓中等待着我们每一个人的孤独之感便来到了心头，生命的气质似乎是绝望与惊骇。"

灯下读契诃夫的文字，其时我已经从山里回来，听着窗外吱喽吱喽的风吹木叶声，一时间不知神往到了哪里，闭上眼还是满山的红叶堆积。

邻居大呼小叫来玩，伸个懒腰，站起，一步跨出房门，霎时就忘了前情。管它一树的红叶怎样凋零，秋日寒凉的空气中一只小鸟试探地叫上几声。我坐在奔流不息的时间里，谈笑风生，任凭满天的叶子飞舞，最终覆盖苍凉的生命。

美文赏析

　　文章语言华丽，调子却很苍凉，因为这是对于生命的深思。它从秋季落叶开始展开，想到了很多事情，最终却能够豁然开朗，接受生命苍凉这个设定。作者有一颗柔软敏感的心，又有浑然天成的写作技巧，才会写出这样美丽的文字。

被落叶惊醒的下午

朱成玉

在那个阳光明媚的下午,我依然在稿纸上晾晒着年轻的往事。直到一片落叶跌到稿纸上,我才猛然惊醒。叶落而知秋,是秋来了吗?

长长的火车在窗外飞驰而过。我感觉到青春就在那列火车上一刻不停地奔跑,穿过一片火红的枫林,一片沉寂的湖泊,离我越来越远,渐渐听不到一丝声响。

果真是秋来了啊!忧伤的萨克斯是秋天的,我不敢倾听,怕心弦被忧伤扯断;滴血的天鹅是秋天的,我不敢观看,怕湖面上的绝唱哑了我的喉咙;叶赛宁是秋天的,我不敢去吟诵,怕触摸到蓝色的眼泪;川端康成是秋天的,我不敢去读,怕读到他"临终的眼"……

风吹走了喧哗与躁动,秋天只剩下果实,赤裸裸地挂在枝头。

果真是秋来了啊!我不再奔跑,而是静静地坐下来。一切都淡了、远了,一杯茶就足以消磨一个下午。

又有叶子跌落到稿纸上,又有火车在窗外飞驰而过。青春真的离我远去了,抚摸着手中那只又红又大的苹果,不禁问自己的青春是否完成了灿烂辉煌的使命,像这苹果,在高高的枝头唱响生命的歌,直到有一天,光阴腐烂了我们的身体,但仍会有一枚果核,微笑着埋入地下,孕育一棵更高大、更伟岸的树,守在一个个季节的风口。

每个人都不可避免地要迈进秋的门槛,每个人都要在纷飞的花瓣间拾回自己的心灵。红色的花瓣落在头上的时候,它是一种幸福的象征。白色的花瓣落在胸口的时候,有些疼痛,是对青春逝去的默默怀念。而我们还有很多很多的路要走，秋只是那漫漫征途上的一个小站，秋不是尽头，秋依然蓄着激情与希望。

走遍秋的每一个路口，读尽秋的每一缕皱纹，我明白了：秋是斑驳的，像皱纹，像网，像风雨洞穿的叶子。秋是斑驳的，像卸妆的演员，洗尽铅华，素面朝天；像历尽沧桑的老人，卸下所有的债，扔下许许多多的牵挂和念想，在身后。

我平静，如这秋日的湖面。尘埃落定，静静的秋的天空，缀着几块干干净净的手帕，随时可以拧出眼泪来——那是轻轻敷在离家在外的游子们伤口上的补丁。

我宁愿舍弃布满草莓与红唇的春天，舍弃玫瑰与阳伞一起盛开的夏日，转身走进这秋，一生也不回头。

美文赏析

本文文笔优美，思绪发散，表达了作者对秋的喜爱和不舍，以及对人生的深入思考。作者坚信，人生最美的时光就在秋天，万物都成熟了。即使离开了这个世界，也会化作叶子，落进泥土。秋天不是尽头，"只是那漫漫征途上的一个小站"。

秋将尽

许冬林

晓色渐渐染白窗帘，一方冷冽而带着露水气息的光明，在南墙上不断加深，突出。

又是一年秋将尽。

我睡在这样的清晨，觉得自己是一枚光洁素朴的卵石，睡在流水里。我不动不语，感受着流水一样的分秒从我身边流过去，流过去……

时间它浩荡地来，浩荡地去。我在台上，或在台下，都可以。不嘲笑年老貌丑者，因为有一天，我也会那样。也不羡慕年轻肤好者，因为曾经，我也那样。

在秋天，我能感受到自己的分量。穿过汹涌车流，经过晨气弥漫的水边，去上班，我觉得自己是真诚的，像乡间田埂上一株诚心诚意的高粱，穗子红了，叶子红了。

喜欢无事的下午时光，在家里，一个人，享受忙中偶得的闲，享受寂静。窗外桂花在开，桂花在落，小贩子的吆喝消失在深巷的尽头。我这里，真是江山辽阔啊，我是这下午时光里的君王。

周末出城，回小镇的老家。柏油路两边的杨树叶子渐稀渐薄，泛着油画里的明黄色。它们偶尔从车窗边掠过，一片，两片，飒飒有古意。这些叶子，也是秋风里归家，和我一样。我们都没有忧伤，觉得这是生命里一个必然要经过的情节——长大了，看过了天空与流云，然后悄悄落下来，把高枝让给来年的新叶子。谦让和低调，这是中年岁月应有的情怀。

喜欢在回家的路上看远处的田野。秋天的田野，金色、棕黄色、白色、

红了樱桃，绿了芭蕉

老绿、赭黑，色彩纷繁而饱满。每一种色彩看去，都厚实得有王侯将相的贵气与大气。只有秋天才有这样浩浩的王者之气，是从苦难里翻身出来的。

晚上散步，沿着护城河沐风而行，水气和路灯的淡光扑面，皆有凉意。我走在桥上，看月亮，月亮半悬在桥东，好瘦，好清澄，有着中年人难得的清癯和默然。

纷纭世界，我只想做一颗秋天的露水珠子。卧在时间的掌心上，透明地滚动，直到有一天，透明地消失，不求有痕迹。

秋夜读书，是人间至境。捻起书页的那刻，身心安妥，愿意余生就这样，隐居在书香墨香里。窗外秋露湿阶，寒蛩渐唱渐歇，对面楼里勤学的灯火也已熄灭，偌大一个寒凉秋夜就是我的了。

听着墙上的挂钟嘀嗒嘀嗒地走，知道自己正衰老着，即使抱守书本也抵挡不住时间兵临城下。我还要继续老下去，像深山古庙门前的那棵乌桕树，一身霜红地落寞着。

我与时间就这样且战且退，曾经的激情像木炭燃烧，渐烧渐成灰烬。我还会与一些至交亲友在时间里渐渐离散，淡忘，永不再见……就像白露为霜，就像风起叶落。

在秋夜，我遥看自己的江河岁月，也是秋将尽。明日，更多萧瑟笼罩大地。

美文赏析

本文语言富有特色，特别是在比喻、通感等修辞手法上，运用得可谓出神入化，如"晓色渐渐染白窗帘，一方冷冽而带着露水气息的光明，在南墙上不断加深，突出。""我睡在这样的清晨，觉得自己是一枚光洁素朴的卵石，睡在流水里。"等等。

满城冬

邓安然

冬天的北京真不叫北京。

那叫一个冷。

这次是去公干，查古籍资料，记住了一个叫文津街7号的地方，国家图书馆的老馆所在。不晓得原先是什么用处，反正院里有华表，门外两尊石狮——寻常人家不会拿它镇宅。楼宇古色古香，院内少有人行。屋顶竟然有乌鸦"啊啊啊"地叫。鲁迅先生写荒坟前一只乌鸦原先铁铸似的停在树枝上，忽然"呀"一声大叫，箭一般笔直地射远了。可是这里的乌鸦叫声却颇温柔，并不觉不祥。

这么旧的书，存在这么旧的地方，光阴好似也是几百年前的光阴，寂寞安详，任凭别处流年改换，莺莺燕燕。

出门东复东，又向南行，路过一片水，远处又有白塔和红色的宫墙。两旁槐树蛋圆的叶子落尽，只余僵枝如焰，灼烧着天空。天上一轮冰月，似乎敲起来有铜磬声，看颜色就觉得冷。

是真的冷。像有火在烧，脸上火烧火燎。棉服像是纸做的，腿和脚快没有了知觉。

大约七八年前，来看冬风萧瑟的颐和园，一汪冻水，满塘芦苇。风从身后吹来，乱发飞扬。可是奇怪，竟是不觉冷。因为那时还年轻。

不知道老北京的人怎么过冬。教书的，卖报的，叫卖"半空儿"的，摆小摊卖纸烟的，拉洋车的，冬天穿着厚墩墩的棉袄棉袍，老年人拢着袖子蹲墙根。大家伙儿早晨吃豆浆油条，中午吃烙饼卷大葱，有钱的吃锅子，铜锅涮羊肉，虾米皮豆腐熬白菜。

现在的北京没那股味儿了。人多。车也多。楼也高。危楼高百尺，手可摘星辰。人声喧阗，也没有谁不敢高声语——因为知道天上没有人。

现代人的现代科技杀死了古老的想象和天真。

天明去故宫。脚下踩的砖坑坑洼洼。皇宫里讲究"金砖铺地"，其实不是金砖，是质地极细又坚硬如铁的青砖，原来也抗不过风雨和时间。什么人在这些砖地上走过？皇上吗？王公大臣吗？后妃格格吗？宫女太监吗？如今公卿已变尘土，美人早成枯骨，宫娥宫监抛家别母的辛酸泪眼也早湮灭在浩浩烟云里。

那金丝楠木的皇座，据说五六百块钱一克。那蓝色的景泰蓝香炉，说是几百年都没有生过锈，褪过色。那皇后铺在炕上的锦缎，红红白白的龙凤和祥云朵朵，金线银线织就，巧手绣女不晓得要劳碌多少个日日夜夜。绣女入宫做活，从少到老，不许出宫，只为巧手误平生。皇后睡在这样龙凤呈祥大红喜字的床帐里面，她可欢喜？她亦是一入宫门深似海，此生再也不能出宫来。

残酷啊。真是残酷。

金碧辉煌的皇宫院，棵棵柳树映在碧蓝的天上，枝子被日光晒成一条条金线，抬头仰望，如飞瀑流泻。满城冬色宫墙柳。

真冷。可真是冷。

满城冬。

美文赏析　　本文写的是冬天的北京，起笔就与众不同："冬天的北京真不叫北京。那叫一个冷。"开宗明义，言简意赅。下面一笔笔写的都是冬天的冷，而且不只是冬天的冷，还有故宫里当年生活的人的心里的冷。结尾的"满城冬"收束有力，余韵悠长。文笔极好，行文也极流畅，是一篇不可多得的佳作。

冰花乱

诗雨

自夏徂秋，深居简出，不觉外面已零落成冬，窗上已结冰花。

北宋何薳撰笔记《春渚纪闻》，言余杭有一人叫万廷之，有一个洗脸用的瓦盆，天气酷寒，盆中残水冻冰，形如一枝桃花，第二天又成双头牡丹，再次日又霜林满盆。此后水村竹屋，断鸿翘鹭，妙笔图画，迤逦不断。

南宋洪迈在《夷坚志》里有"锡盆冰花"条，讲绍兴六年十二月十五日，一个官员生日，他家里一个大锡盆，残水结出寿星坐磐石，长松覆盖，龟鹤分立左右。路远，画工至而冰花消。此后倒是迤逦不断，日日结花，特邀群人共赏，作者也在受邀之列。

宋代有关冰花的记载，除了盆里冰花，还有屋瓦冰花。

北宋沈括在《梦溪笔谈》里写他元丰末年到秀州（今浙江嘉兴），见到屋瓦霜后成花：似牡丹，似芍药，似海棠，似萱草。

仍是南宋洪迈《夷坚志》，又有一条"瓦上冰花"，讲秀州知州吕彦能家厅侧有瓦数百片，雪消后残冰结成楼观、栏槛、车马、人物，并带芙蓉、重台牡丹、长春萱草、万岁藤，妙华精巧，经日不融。吕命其子用墨拓印十余本。

说到摹画，北宋宋敏求《春明退朝录》也说王子融侍郎回山东故里，严冬霜浓，见一官员家屋瓦皆成百花形状，遂摹下珍藏。

那么，冰花常见，美轮美奂，何以春秋诗汉赋乐府唐诗里面却极少见？倒是马端临在《文献通考》载一事，说是唐昭宗时，在沧州城堞中有冰纹如画，大树如芳敷，却被时人认为"华孽"，是兵难之兆。而到了宋代，对冰花却有了一个爆炸式的欣赏。

  细究起来，据气象学家考证，历代中，北宋最为寒冷，大雪连月，至春不止，平地积雪八尺，飞鸟冻毙。到了南宋，更其酷寒，大雪直至暮春。这样百花纷杀的萧条寒凉，人们一腔"惹草拈花"的爱美之心无处安放，只好瞩目于冰花上。

  那么，洪迈笔下的官员的大锡盆里结的冰花，如此受激赏，似乎又有点小题大做，让人心生疑问：莫非以前即使残水未尽，也不结冰花，特地结出来，是为给这官员庆生？

  这肯定不能。锡盆以前必然也结冰花，只是负责使这锡盆的只能是粗使的下人，冰花再精美，他见便见了，也好比牛嚼牡丹花；官员庆生，管家和高等下人到处张罗支应，这些细使的下人都有一颗七窍玲珑心，一见冰花奇巧，必定奔走宣告，讨主人欢心；偏偏这为官的脱离群众，温床暖被，净面洗脚用的也是烧热的水，凝冰成花事确不曾多见，于是其心甚慰，特邀人共赏，无意间把自己和锡盆一起"邀"进历史。

  还有，宋人赏冰花便赏罢，居然还不忘画冰花，又是何意？

  估计这应该和宋代的画风大作大有关系。唐和五代的绘画还是雅士所好，到了宋代，画家是一个阶次，画工又是一个阶次——汴京大相国寺每月开放五次庙会，百货云集，其中就有卖书卖画的；南宋临安夜市也卖细画扇面、梅竹扇面。除此之外，士大夫收藏、鉴赏以至亲笔作画也蔚然成风。宋徽宗赵佶自己就是画家，"楚王好细腰，宫中多饿死"，皇帝爱画画，底下人还不上行而下效之？于是，日出而消之花就被摹成细赏细玩之画。

  如今对冰花的欣赏渐渐式微，可是眼前萧条世界，点破寂寞的却仍旧只有凝在冰上的水清沙幼，篱菊梧桐。这才多少日子？恍惚不久前屋外庭院道旁山边还有大丽花开，瓣瓣好似红绸片，风一吹，朵大茎软，翻飞零乱，又似燃焰。

  然后，大丽花谢了，前不久又梦落雪，且有太阳。雪片飘舞，映着日光，好似银绸片。赏雪，写文章，思路清晰，句句记得明白，先摹雪之形，再写雪之美，再颂赞。醒来诸句皆已淡忘，唯最后一句霸气十足，记得清楚，说是"我花开后百花杀"。其实不对，雪花开后，还有冰花，雪花冰花开后，更是百花开。

大丽花谢，又有雪花落在梦里，梦醒了，又见冰花结在窗上，再怎么现实如铁壁铜墙，一年四季，只要有花醒里梦里肯开，就不能说是没有希望。

美文赏析

本文描写冰花，关注点放在了宋朝，因为宋朝的冬天最冷，冰花也为更多人欣赏。材料丰富，剪裁得当，语言平实，多加引用，很有说服力。

一把沉默的刀

习风

薄阴天气,阳光像一片金箔贴上皮肤。

去了湖边。

冬日湖水结冰,照理当是平如镜,此处却层层竖起堆叠,如丛集的冰刃。原来是回水旋流,未及散开,即被冰住,成就这副德行,嚣张无情。湖岸弯弯,到处是这样的湖面。一枝芦苇举一枝芦花,站在一起,高高低低。

大寒天气,朋友笑说这水有什么好看的,可是水有什么不好看的。水是有意思的,花也是有意思的。我说这树长得真好,细长的枝子像弯弯的鱼骨刺,朋友扫了一眼,漠然地附和:"哦。"可是树是真的长得好,那么好。去岁春天还有一棵树,守住一条弯弯的小路,扭着身子把路遮严,像一团绿云。也不晓得哪一天,就被人给砍了,卖了钱。

半天云里鸟叫唤,抬头看见两队雁。若说它们排成"人"字,"人"的左撇太长,右捺又太短;若说它们排成"一"字,这个"一"又曲曲弯弯。

近处有积冰如刀,再远些却是一平如镜的冰面,映着渐渐倒下去的日色,是夏日玫瑰冒着香气的红。冰面上时有小鸟,小小的头颈一点一点地啄,时而忒儿一声长短错落地飞起,落上枯柳,柳枝藏不住它们黑白花的小胸脯。枝子上左一点右一点,落了一树小逗号。

远远的冰线上,立着一只大鸟——其实并不能看清它的大小,但就是莫名地觉得它大。它不蹦跶,就那么安详沉稳地踱,一步,一步。然后,它就立住。

一边走一边扭头,看它是我忍不住。初见时它与浅灰的冰面几乎融为一色，只分辨得出一点轮廓。越走，角度变了，看见它深棕的背毛，一动不动地竖立着。扭头看，它竖立着。再扭头，它竖立着。愈走愈远，再回头，它竖立着。深色的背毛在青天和淡灰的冰面竖起一把小小的刀。

好大的气魄。它沉静也沉静得惊心动魄。

过去都讲人定胜天，于是好大一群人争着抢着挖山填河，可是天就什么也不讲，地也什么都不说，人像一群麻雀似的，叽叽喳喳的，到最后，种下什么果就吃什么果。唯有心定了，气稳了，和天地方能随顺，就那么安安定定地在着。就像这只大鸟，稳稳当当地立着，在苍茫天地间，冷风呼啸中，立成一把沉默的黑刀。

不定什么时候忒儿一声飞起，就看不见了。

美文赏析

文章写的是一只冰面上的大鸟，但是却有着淡定自如的大气质，简直有劈天划地的大能力。由此可见，生活中并不缺少美，只是缺少发现而已。语言淡定，但是有一种惊心动魄的能量。

冬日春光

闫晓墨

　　普希金的诗说，没有幸福，只有自由和平静。其实对人来讲，也没有那么多自由，又不是鸟，想飞东飞东，想飞西飞西。人更像植物，种在冬季晓雾漫开的村庄，若是能在晨光里做一个平静安详的梦，就已经很好了。

　　梦里有光秃秃的紫荆，兀自做着独属于它的姹紫嫣红的梦。晨露成霜，也不妨碍杨树和柳树、紫荆和柘条迎接阳光。然后它们一边向蚯蚓问早安，一边憧憬暖风吹来后，不久即有蝴蝶美人的造访。该来的总会来，所以它们并不心急，按部就班地拔节生长。

　　一群麻雀停在枝头，小脑袋一顿一顿，在枝丫上东啄西啄，啄得紫荆像是人被搔了胳肢窝，不由得动动枝子想笑，惊得鸟呼啦一下全都飞走。其实惊飞不过是它们做的一个样子罢了，估计它们心里也在笑呢——调戏植物一直是它们的拿手好戏，比调戏电线有意思。

　　紫荆就种在一户人家的窗下，窗子里一个小婴儿正盖着小暖被睡得香甜，眉头一皱一皱，嘴巴一撇一撇，轻轻吭唧两声，像是要哭。妈妈拍拍他的小身子，他就眉头展开，又睡着了，然后梦中扯出一个没牙的、大大的、玫瑰花一样的笑。

　　原来，他也做梦了。

　　年轻的爸爸妈妈早就醒了，看着小宝宝在梦里手舞足蹈，当爸爸的拿手捅捅肥肥软软的脸蛋，十分好奇：

　　"小孩儿也做梦啊？"

　　"是啊，肯定特别热闹……"

等他梦醒了，花就开了，冰也化了，小短腿会跑了，春天就来了。

无论是暖屋里的安眠，还是温厚的泥土里的蛰伏，都是温暖的。如果能这样赖床不起，也挺好。但是风不许。它会在枝头缠绕："该起床啦，喂，该起床啦。"

于是，淡淡的黄光、绿光、白光、红光、紫光、橙光、粉光，就从枯槁的枝条里一闪一闪地漫出来，像是在揉着眼睛说："好啦好啦，别叫啦，听见啦，总得让我打扮打扮吧。"

"嗯，打扮好了就出来吧。舞会要开始啦。"

舞会。紫荆举着花做的仪仗，护卫着趾高气扬的白蔷薇国王，粉蔷薇王后穿着缀满小花的长袍在他身后也昂然进场。一队喇叭花吹着长号，哇哇地响。穿淡紫长裙的那是谁，散发着高贵又清雅的香。迎春花的晨礼服色泽明黄，桃花一身红灼灼。夜莺在叫，榕树在笑，千万朵花儿翩翩起舞，阳光如片金，被踏碎在地上，闪闪发光。

夜了，累了，花也睡了，月光一跌到地，摔痛了屁股，爬起来重新铺满整片草地。

啊，繁华里的欢愉，清冷中的希望。

就像春天、夏天、秋天之后仍旧是冬；但是现在，命运向前，美景迭现，一切总有希望，冬天来了，还有春光。

美文赏析

这是一篇童话一般的美文，描绘的是冬天里，春气涌动的景象，令读者心也软了，热了，充满了希望。语言如诗如画，运用了排比、比喻等修辞手法，流丽自然，毫无矫饰。

第二辑
一颗露水里,养着一圈年轮

大凡历经沧桑的人,无论在哪里,都气定神闲,为人处世举重若轻。而那些生活在"春天"的人,就像不能经霜的茄子,但凡有风吹草动,就蔫了。

风在枝头望什么

马浩

风停了,你动起来,风亦跟着你一起动。

起风了,你停下来,风却停不住,从你身边呼呼而过。

风,你很少能见到她的真容。风起云涌,从云的涌动的反方向去寻找风,往往徒劳,你可能看到的,或许是无边的云朵,也有可能是湛蓝的天空。云流动的姿态,无疑便是风姿。

凌波微步,风从湖面掠过,粼粼的波浪便是风遗下的痕迹。

她在一望无垠的原野上飞奔,花草企图留住她,稍纵即逝,影子一闪,如一曲草原牧歌,余音袅袅。

风喜欢在花朵边逗留,翕动着蜜蜂、彩蝶的翅膀,围绕着花儿载歌载舞,花朵还在风中沉醉,花香已飘向远方。

在枝头,风望着四季,花草树木都成了风手中的道具,风是神奇的魔术师,她能把草吹绿了,又能把草吹黄;她能把花蕾吹绽了,也能把花瓣吹落。风能让枯树重新焕发生机,干瘦的枝条上,叶芽在风中一点点地往外冒。风不着急,慢慢地看着树木枝繁叶茂,浓荫匝地,她也能让树木渐渐枯黄,木叶纷纷。

花褪残红青杏小。风把种子吹落成希望,又让希望开花结果。

麦穗是风吹青的,亦是风吹黄的。风顺便把镰刀也吹响了。布谷声声,由远及近,先声夺人。

站在枝头的风,知道江南是如何绿的,也看到了长安满地的落叶。

不知何时,人喜欢与风在树下谈心,与风达成了某种默契。

自然的风便吹入了社会，吹入了人心，人心思动，就成了一种势能。大势所趋，说的就是社会之风，磊磊落落，天地之间，充斥着一股浩然之气。

　　历史在一次次的大风中，乘势前行，摧枯拉朽，势不可当。

　　同样的风，能把江南吹绿，亦能把游人吹醉。谁人不向往着风光无限？向往是一回事，风光是另一回事。

　　起风了，风在枝头张望。

　　风停了，风依然在枝头张望。

　　起风时，总有人领风气之先。

　　风停后，仍有人跟风随跑。

　　风，乃一种势能，关乎冷暖……

美文赏析

　　文章既写自然之风，也写社会风气："在枝头，风望着四季，花草树木都成了风手中的道具，风是神奇的魔术师，她能把草吹绿了，又能把草吹黄；她能把花蕾吹绽了，也能把花瓣吹落。风能让枯树重新焕发生机……"起风了，风在枝头张望，看着有人领风气之先，亦看着有人盲目跟风。语言缠绵优美，一咏三叹。

静听秋声满天风

沈莫西

今天开车出门，一路上杨树叶子黄，像火烤焦了的模样。心情也有些焦，觉得日子过得太快了。明明刚过了年的，一转眼秋已经这么深。

猛然间一大蓬亮黄的树头钻入眼来，好亮！你怎么这么黄这么亮。心里一边跟它们说话，一边一棵棵慢慢地开过，觉得它们是还没有长大的嫩黄的火。

及至离开了它们，又是一路上的杨树和矮些的槐树组成绵延不断的树墙。前些天看，树头红红黄黄的正热闹，如今已经凋落了好些，有些树一片叶子都没了，光着身子尴尬地站着。家处北方平原，初秋并没有太大的感觉，太阳仍旧是大，天仍旧是热。非要到如今时节，深秋乃至入冬了，方才显出秋风扫落叶的气势来，风吹落叶遍地金。

经过一个小小的村庄，窄窄的路两边都是白灰水刷白的矮砖房，房前台子上堆垛着一袋袋鲜红鲜绿的，远远看去像是水果。到跟前发现是玉米，用鲜红的或者鲜绿的粗眼编织袋装在一起，堆垛着，颜色格外的新鲜，比秋天的花好看。

前几天去湖边看水，那天的天气正好，阳光打在人身上，像给人披上一层金箔。一路上叶子红黄，路两边的树随势蜿蜒，红黄叶子的树头像随风摆荡开的厚厚的绸子。如果不去看水，就把阳光啊、树啊、水啊、秋光啊，都给辜负了。去了是不白去的，水边有白头的芦苇，水里有干的荷茎荷叶。风吹水波摆荡，天地空阔。

如今树却更老了，今天的水怕是在阴郁的天气和风色下，会是凉的、冷的、荒芜的，少了气色。

天冷得让人缩回屋里，隔着窗子看，小院里的两畦红薯和花生都收获了，只余一畦红薯还铺着一层老绿的厚叶子，在土里呼呼地睡着。窗下种着一畦大白菜，叶子长得肥厚，但是不肯包心，散着大大的菜棵——土太肥了，倒不适合种菜了。

院外是十几亩的林地，挺立着高高的白杨树。最爱春天的时候它们纷纷漾出的新芽，浅碧丝金，太阳一照，蛋圆的一枚枚亮片，风一吹，闪闪的，像小孩子眼睛一闪一闪地笑。如今叶子比成年人的巴掌都大了，也老了，风一吹，纷纷地掉了。地上厚厚地铺着，像一床大被似的。只待一场初雪至，就成了柔软的一大床白棉花。

乌云低垂，天不高，风却阔，一巴掌一巴掌，慢慢地把满树的叶子都打落了。

拉上窗帘，静听秋声，唰啦啦地响着，满天都是风色。

美文赏析

此篇秋声风色，华实落叶，一朵一朵的既写意又妥帖，稳稳当当在一字一句间绽开风韵和芳华。一派潇洒的风跑过了清癯的枝丫，兀自跑成了深秋里的一幕话剧，自导自演，自由自在。这么落拓不羁的风里，站着那样敏感的灵魂，于是就有了这篇文章。

芭蕉过雨绿生凉

一庭

少年时候,逢节日,同学之间流行互赠明信片。学校门口的杂货店里有各种明信片可卖,他们喜欢选有明星头像的,翁美玲啦,苗侨伟啦,汤镇业、赵雅芝什么的。面孔漂亮的明星选完了,到后来,连光头的唐三藏和一把胡子的沙和尚也要。

我至今不忘的是同桌送我一张风景明信片,画面是一丛芭蕉,翠色欲滴,上面有水珠滚动,扑面的凉意。记得画面一角还印有诗句,最后一句是"芭蕉过雨绿生凉"。我喜欢得紧,后来一直收藏着,直到离家读书后弄丢。

多年后才知道这诗句是白石老人的。齐白石画过一幅水墨芭蕉,叫《雨后》,上面题了诗句:"安居花草要商量,可肯移根傍短墙。心静闲看物亦静,芭蕉过雨绿生凉。"

我欣赏过白石老人的一幅芭蕉图。是好大的一片芭蕉叶,墨色浓郁,湿意透纸。叶柄处一只小蚱蜢爬来,翘起一对触角,好像在喝芭蕉叶上的凉水,又好像是坐在叶面上临风纳凉。用笔有静有动,墨染处,既横阔又细致,真是生动有趣。一看,就想起童年,想起故乡,想起旧时物事。

童年时,外婆家门后也有一丛芭蕉,长得高过屋顶,远看是一片丰硕壮阔的绿。外婆家住在濒临长江的一个沙洲上,那时我每到假日就去。穿过一片平坦开阔的沙地,远远看见外婆家屋后的芭蕉叶围得像座绿色古堡,心里就沁出喜悦来。葱绿的芭蕉丛后面是一扇木门,上面一块红对联还没有完全褪色。红绿映衬之下,觉得日子也是斑斓多彩的。那时候,还没完全体会到贫穷的哀戚,只是以为,在尘世之间,有那样的一户人家,跟我永远亲密,便觉得满足。

  外婆家屋西边还有一棵高大的杏树,树下堆着柴垛。五月里,杏子黄黄熟透,三舅喜欢爬上柴垛,然后由柴垛再爬上杏树枝丫间,在那里摇,外婆张开藏青色的大围裙在下面兜着落下的杏子。初夏的午后,还没有瞌睡,就在那芭蕉荫下洗杏剥杏,吃过不舍得扔核,沿着篱笆一圈圈地埋核,希望来年有更多的杏可吃。

  外婆做晚饭总是很早,太阳还悬挂在远处的沙丘上时就开饭,于是我就把桌子端放在芭蕉叶下,好躲掉夕阳。后来看电视剧《西游记》,看到《三借芭蕉扇》那一集,竟是痛恨起孙悟空来,还替铁扇公主感到委屈和不公。铁扇公主的扇子用嘴一吹,就大起来,扇起来"呼呼"有风,那就是我外婆家的芭蕉叶呀。外婆一个人带着舅舅和姨娘一群孩子,日子过得清贫寂寞,却也闲淡安静。在那样一个濒江的沙洲上,我融进了外婆一家的日子里,觉得我们过得也像一丛芭蕉,在风雨里摇摆,也在露水里寂静。这日子不够浓墨重彩,可是素静,清凉。多年以后,我已经长大,为人处世,依旧秉持着这种清凉的气息。我觉得清凉里,才有情意久长。

  工作调整之后,上班路上会路过一个小区,小区里栽有一丛芭蕉。因了那丛芭蕉,竟一下子喜欢上那个小区,觉得里面的空气也一定清凉静谧。希望那个小区里会住着一个朋友或某个熟人,这样可以借故去他家而顺便路过那丛芭蕉。游苏州园林时,在那些亭台轩榭之间,会看见夏荷修竹,还有角落里的蔷薇和芭蕉。我喜欢那些百年园林里的芭蕉,回家翻相机,一相机的绿叶子。竹子是江南旧式的文人士大夫,荷花是杜丽娘那样的大户人家的闺秀,蔷薇很有丫鬟的泼皮嬉相,只有芭蕉,总是寂静含蓄的。芭蕉懂得守静,可是也洒然,也婆娑摇曳。芭蕉更像是一个情怀深深的古意的女子,安然在市井烟火里。

  黄昏时,抚镜看自己,俨然岁月已深,而心也静。如果安居可以商量,我想要一所带庭院的房子,要种一丛芭蕉。深秋的凉夜里,在枕畔,听窗外风雨萧然,听雨打芭蕉点点滴滴。在中年之后,伴一丛芭蕉度流年,也

红了樱桃，绿了芭蕉

横阔也细腻地度过。将过往红紫芳菲的岁月在内心过一遍，在芭蕉的绿里过一遍，过到往事也有了芭蕉的绿意。人生就这样清凉寂静，不悲戚，也不念念。

美文赏析

文章以作者少年时的一张明信片写起，忆起童年时和工作后见到的芭蕉。芭蕉葱绿美丽，童年时喜欢以芭蕉为伴，工作后喜欢芭蕉的清凉与素静。作者把芭蕉融入自己的生活和内心，以芭蕉的韵味来表达自己对清凉、静寂生活的向往。同时，作者巧妙地把芭蕉的外观与它所体现的意蕴相结合，使芭蕉色中有味，不俗不腻。

雨季的雨

韩瑞莲

雨季是要下雨的,雨下来了,人心里面就舒服了。雨季要是不下雨,人就好像是犯了错一样,心里时常难受。

这些天,天总是在下雨,这才是雨季的样子呢。坐在办公室里,我时常站起来,走到窗前,看窗外面的雨。有时,暴雨如注,雨线密密麻麻,对面楼房办公室的窗户都被那雨帘遮挡起来。那雨哗哗地急促地洒落下来,水泥地面顿时白烟四起,不一会儿,那雨水就没过脚面了。那时,人的心也跟着漂浮起来,像船似的荡来荡去。雨季的雨就是为了让人心荡漾吗?

儿时,雨季正是山村山杏收获的季节,要是赶上下雨去捡拾山杏,那鞋子、裤子满是湿漉漉的,裤腿沉得裹着两条腿,迈步都不方便。那鞋子里扑哧扑哧的滑溜。可是,乡亲们就是要在大雨来临之前,把那宝贵的山杏收回来。

当时就是那个条件,谁也不会觉得有什么苦。甚至,乡亲们干活时有说有笑,压根就没把那雨中劳作的辛苦当回事。我也跟着他们欢蹦乱跳地从这棵奔那棵地忙活着。乡亲们的笑声至今一直荡漾在我的心里,从没有消失过。

在这雨季的雨天里,儿时乡亲们那爽快的笑声越加清晰了,让我无比地想念,那想念惆怅绵长又哀伤。现在,村民日子好过了,山杏就成了观赏植物。大部分熟透的山杏在这雨季落得满地都是,也无人问津了。这样的大雨,那些山杏都被大雨冲走了吗?

雨季的雨,飘忽不定。只要是连阴天,那雨说下就会下来,是不会有预警有通知的。天气预报只会说，几天之内都有雨，但几时落下来，落在哪里，只有雨说了算。

雨季下的雨，人们是欢喜的。想着去哪家铺子或者酒馆喝上两杯，以欢庆雨的降临。艺术一点的，则会坐在自家的阳台，看着窗外的雨，沏上一小壶金骏眉，品上一口，舒服！只是那一口，人的思绪啊，便急如鞭、细如丝、密如烟，下下停停、停停下下，远远近近、高高低低地随着那雨舞动起来。

我拿着伞，去滨河公园。草木茂盛，鲜花盛开。雨季的雨让草吃个够的。7月间，天天仿佛都是草的节日，牛筋草、狗尾草、马唐，身子挨着身子，挤着长在一起，让人分不清楚谁是谁。草就自顾自地生长着，一片草绿色延伸而去，湿漉漉的明亮。

公园里有个花坛，是由五彩苏、凤仙花、百日菊、蓝猪耳的花组成的图案，夺人眼目。但花坛边上全是草，草成了那些鲜花的陪衬。也有不做陪衬的草，那一大片狼尾草就是公园专门种植的，郁郁葱葱，整齐茂盛，它们的边上没有鲜花。园子里，有工人在修理绿地，把那些草蹭着地皮割掉。其实，对草来说，割与不割也没有什么，反正割掉身子，根还在。只要雨水在，它们还会往上长，它们就还是草。

南水北调后，滨河公园的水多了起来，水也清亮起来。在这样的雨季，公园里的水更好看了。小桥流水，烟雨迷蒙。桥上还有个女子撑着红色的油纸伞走过去，仿佛真的置身江南烟雨蒙蒙的美景之中。

公园里的河岸边有一丛美人蕉，那叶子肥厚宽长，雨打在上面啪啪作响，真的很好听。那哪是打在叶片上，那是打在雨季里的人的绵绵心绪上，那心绪或思念，或追忆，或鲜美，或伤感，一切都在雨中拍打宣泄出来，能倒出来多少是多少。苦水倒多了是畅快，幸福的水倒多了也是畅快。

只有雨下够了，天才会放晴，人心也跟着晴朗起来。雨季的雨是下给土地的，也是下给人心的。人跟着雨季的雨学会不少东西。

雨季的雨落下，万物葱茏。

美文赏析

　　本文写了雨季的雨,从眼前写到回忆,从办公室写到公园,从人写到草,脉络分明,温润绵长,语言连绵不断,读之有如沐在雨中。结尾虽短,却有丰厚的余韵。

窗外雨声

马浩

雨声从窗外传来，沙沙作响，人莫名地就静了下来。

人一静，时间似乎也开始静止不动了，非但静止不动，感觉随着雨声一点一点地后缩，缩到遥不可及的旧光阴里。雨点洒在树叶上，发出的是丝竹声；雨脚踩在屋檐下，便有了锣鼓齐鸣；风吹着雨在半空中旋舞着，感觉如同青衣洒脱的广袖。

雨，仿佛在逢场作戏。

不知雨是否会认同，雨要表达什么，雨或许知道，或许它自己也不清楚。野草、杂花、灌乔荆藤，还有那些菌菇苔藓，看得如醉如痴。风一个劲起哄，柳丝燕子斜，细雨鱼儿出，水池翻动流转清波，不知道是在天上，还是在地下。世间万物似乎都入戏了，只有我坐在窗前，雨看着我，我看着雨。

我在雨声中清醒着，雨在我的目光中亦清醒着，我和雨，似乎在合演一出戏。也许是我在自作多情，我被雨看穿，我没有勇气光着头，像一株绿草、一朵野花那样，走进剧情中。人往往想去的是左边，可一迈腿走向了右而不自觉，就像窗外飘着雨，哪怕是毛毛雨，也会下意识地拿起一把伞。

"东边日出西边雨，道是无晴却有晴。"这是人玩的文字把戏，人在生活的舞台上游戏惯了，不知身在戏里还是戏外。或许因此，人们对雨有种难以言说的情怀，爱悠悠，恨悠悠。有时，人有意识地被雨浇个透，却感觉不到一点的雨意；有时，人坐在廊下的竹椅上，风掀动着桌上的书页，茶水已冷，目光穿过迷蒙的雨丝，茫然地望着远方，心无由地被雨打湿，雨中，有太多的回忆，有太多的故事，有太多的遗憾。

无奈，欣喜，让雨给交织在一起了。"小楼一夜听春雨，深巷明朝卖杏花"——听春雨，想到卖杏花无疑是乐天派。"夜来风雨声，花落知多少"——心中多少总有些伤感。都是夜雨，戏码却不同。

人一看到雨，一听到雨声，心就变得潮湿。你不知道哪一滴水里，有你的笑，你的泪，你的倒影，你的故事，你的前世今生……

透过雨帘，你看到了自己身影。雨声在你的枕边，穿透你的睡眠，雨浇灭了一个梦，又唤醒了一个梦，雨声在枕边回响着，梦早已穿越了夜雨，缀作晨曦一滴清露。

雨在窗外滴答着，雨没停，戏在演；雨停了，戏依然在演。说白了，雨就是一个背景，心才是舞台。

美文赏析

文章写雨下在人间，带给人的不同感受；写雨在人间舞台上扮演的角色。意蕴深长，读之令人掩卷深思。

风雨荷塘

林立

那是一个夏季的黎明。雨丝很密,很细,很匀,很柔,轻轻地吻着我的脸,我的手,脆生生,甜润润,凉爽爽的……

我踏着寂静弯曲的石径,不知不觉来到雨幕笼罩的荷塘。远远望去,绿柳丛躲藏着一幢新房,白墙、红瓦、尖顶,犹如安徒生童话里的风景。白屋、绿浪、粉荷、黄篱……组合得格外协调、自然而柔和。近处,一片片圆圆的荷叶,撑起或深绿或草绿或嫩黄的伞盖,细雨落上去,每一柄荷叶都像一把神奇的乐器,弹奏悠远清脆、让人沉醉的音响。滴翠的荷叶落上雨丝,若打了蜡一般,油光闪亮的,迎光处澈明,背光处微暗,错错落落地遮住了整个荷塘。雨丝刚栖落荷叶尖,瞬间又收缩为小水珠,潺潺滑下,密密匝匝的,一会儿凝成晶莹的大水珠,滚动着,磨蹭着,嬉闹着。调皮的风把叶子弄翻,水珠或跳上另一片叶子,或一个跟头跌进荷塘里。

荷花更是光亮亮、鲜嫩嫩的,高高矮矮,肥肥瘦瘦,浓浓淡淡,或停或动,或尖或圆,或半开或怒放……有的牙雕般晶莹,有的白玉般剔透,有的玛瑙般绯红。雨中的神态更是各异,如成群的仙女在洗浴,或抿嘴羞涩,或笑脸半藏,或聚首细语……恰如一幅幅巧夺天工的水粉画,一首首意境朦胧的抒情诗。一阵阵微风吹过,田田的荷叶推推搡搡,把清香一缕缕推到对岸。

雨与风,光与影,声与色,互相交错,彼此交融,在细密的波纹上流溢,流溢……

我的脚步惊飞了一只被雨淋湿了翅膀的小鸟,几滴水珠溅在了我的衣衫上。树丛中，荷叶间，不知名的鸟虫在轻轻地叫着，不知在觅友交谈，还是在寻找食物？一切生命在这神秘的荷塘，在这绵绵的雨雾里，萌发出一种难以言尽的渴求，或是期冀。我心净如镜，任雨丝洗濯我的衣衫、我的视野，任荷风吹拂我的记忆、我的思绪。不知不觉，我敬仰起荷花来，雨中的荷花你遮我、我护你，你搀我、我抚你，抓住季节吐叶展蕾，忙活自己的事；虽然屡遭风雨，仍相亲相爱，交臂挽手，盘根结节。

我仿佛也成了一株荷，在大自然里重塑自己……

雨仍在淅淅沥沥地下着，在神奇而浪漫的荷塘之上溅起一片云，一片烟，一片雾，一片梦。

风雨荷塘气象万千，朦朦胧胧，虚虚实实，奇奇幻幻……

美文赏析

荷花微动，乱我心绪。凉爽的馨香漫过我的胸膛，一支一支深红扶风以立。黄昏的霞烟借来一匹粉绸，一朵一朵浅红兀自妩媚。塘里的水波陶醉荡漾不止，一簇一簇纯白不染尘埃。一字一句仿佛水墨在渲染铺陈，作者将所见所闻所感悉数贯注于笔尖，收浪漫迤逦的一片风光于纸上，巧用修辞，善画字词。

一颗露水里，养着一圈年轮

远山

我是那么喜欢清晨的露水。

静谧的夏日清晨，它们乘着昨夜清凉的月色来，或是被山风吹来，或是鸟鸣衔来，或者，是替远山的花香送来一封花信，展信是满院子的花凉。

我给露水起一个名字，叫作"花凉"，它的确是一朵踏着月色赶来，开在晨雾里的一朵凉润润的花。

我安静地坐在它身旁，细细地看着。像一团新摘的透明棉花，软软的，柔柔的；像一枚十五的月亮，晶莹剔透，纤尘不染；又像一个初生婴儿的脸，未经世事，纯净如洗，让人忍不住想上前亲吻一口。

把鼻子凑近，知道它是有味道的。有月亮的味道，一种淡淡的不惊不扰的味道。时常也想用舌尖轻轻地尝一口，但总是不忍。可只是看着，我也知道，它一定是甜甜的，是天空上的棉花糖掉下来的一朵。

我看到它浅浅匀匀的呼吸，吸入一缕缕薄雾，呼出一朵朵云来。

霎时，我的心一寸一寸地渐次柔软，生出一捧欢愉。

徐徐清风，极轻、极轻地拂过，一颗露水在叶子上圆滚滚地动一下，仿佛在伸着懒腰，揉搓着睡眼，撒着娇。我宠溺地看着，微笑溢出嘴角，似乎听到它娇滴滴的呢喃。

我相信一颗露水里，有一个与世无争的世界。

那里有月色围屏，清风裁衣，云散步种花。它就那么不惊不扰不念俗尘，安安静静地坐在一叶草芽上，吟风醉露，沐浴焚香。

仿佛它来到这个世界，只是为了悠然地看花影挂帘，松风煮茗。只是为了守护寂夜，等待清晨第一缕熹光，它便悄悄散去，化作农家蜿蜒的炊烟，或篱笆下的一颗花籽。

我想住到一颗露水里，仿佛肉身浸于烟火太久，抽离到一个纯净温暖的茧里，再也不想出来。

如此静谧美好的一颗露水，为什么从前我未曾发现呢？为什么我从未为了一颗露水停下匆匆的脚步？为什么我从未舍得用一整个清晨，什么都不做，只是坐在它身旁，静静地看着它？

而如今当我如此做的时候，仿佛关上了一扇门，俗世种种闯不进来。也仿佛推开了一扇门，拥有一个全新的世界，在这个世界里，我看见了最初的自己。

所以我笃定地相信，一颗露水里，养着一圈年轮。

而这是大自然的一个锦囊，藏在岁月深处。只有走到那一圈，才会看到这个锦囊里装着的美好。于是，我沿着一圈圈年轮，深情款款地向岁月深处走。

直到一颗心，有草木供养，清新如初，宁静如云，我才发现：一颗露水里，有一个美好的世界。

美文赏析　作者通过对草芽上清晨的露水悉心地观察和体会，发挥丰富的想象力，用柔美细腻的语言，表现出大自然纯粹美好让人向往的一面。也通过对一颗露水的描写，表达了作者对纯粹而美好世界的向往。

经霜

疏雨

人间草木，菜蔬瓜果，一旦经霜，便由内而外地发生变化，变得内敛、温润、沉稳、朴厚、甘美，看着便让人觉得舒心。

树木经霜之后，树的神韵便出来了。

枫树经霜，枫叶从绿渐渐转赤，枫树便平添了几分神采，引得唐朝诗人杜牧停车观赏，感叹"霜叶红于二月花"。花，乃世人公认的美丽。世间大凡美好的人物，大都以花譬喻，比如，美人如花。红枫比二月的鲜花来得更美，功劳无疑是枫树的经霜；樱花树经霜之后，叶子悄然换作殷红，妩媚俏丽，娴雅地在秋风里飘动着，楚楚可人，是五月里无论如何都没有的韵致。

秋日银杏，在人们的印象里是树树金黄，其实，银杏叶黄的时候，节气已过了霜降，季节走到了冬的边缘，没有经霜的银杏叶，是不会平白无故变黄的。大自然实在神奇，霜，字面看是雨的相貌，时差温差让它成了比雨更美的模样。它看上去严酷、冷峻，骨子里却是有着济世的热心肠，银杏树经霜之后，有着温暖初冬的华美。

一叶知秋，梧桐树经霜后，微黄的阔叶已被秋风收走了，桐籽渐渐地成熟，一嘟噜挂在桐枝上。清夜，月色如银，躺在床上，望着窗外白纱般的月光，风过，屋上响起啪啪的声响，如雨，我知道那是桐籽落了。披衣下床，来到院中，看着月光中梧桐的轮廓，如一张剪影，清简舒朗。

经霜的秋草已呈赭黄，在寒风中簌簌作响。这样的景象，似乎要比"远芳侵古道"更具人生况味，让人联想到辛弃疾"斜阳草树，寻常巷陌"的悲怆,联想到范仲淹的塞下秋来,"羌管悠悠霜满地"的苍凉,联想到长空雁阵的旷远……

果蔬之中,青菜经霜后,口感变糯了,少了春夏的淡淡酸苦,多了些许甘美;大白菜经霜之后,开始抱心生长,大白菜不经过寒霜冻一冻,就无法储藏。山芋、萝卜等,无不如此,想要窖藏,必须要经霜之后。柿子不经霜,青涩硬艮,经过霜打,色红如灯,汁肉软糯。

水瘦山寒,便是大自然的景致,若不经霜,味道也会大打折扣。经霜,意味着去掉浮华、夸张、虚伪、狂妄、伪饰,而变得简约、沉实、稳重、谦和、本真。夏虫不可语冰。经霜,从某种意义上来说,也是一种历练。

物犹如此,人也应如是。

人也是要经霜的,人生不能太过顺利,就像一马平川的平原,一览无余,白开水一样寡淡无味。人不经历一些坎坷、曲折、挫折,不足以谈人生。

大凡历经沧桑的人,无论在哪里,都气定神闲,为人处世举重若轻。而那些生活在"春天"的人,就像不能经霜的茄子,但凡有风吹草动,就蔫了。

美文赏析

本文通过描写人间草木、蔬菜瓜果,一旦经霜,就会变得内敛、温润、沉稳、朴厚和甘美,来写人经历风霜,一番洗练,为人处世就会举重若轻,气定神闲。作者借物喻人,托物言志,构思巧妙,类比合理合情,形象生动地引申出做人的道理,给人以深刻启迪。

下雪了

默默

下雪了，这天是个可资纪念的日子。

一连串灰扑扑的光阴被温柔下落的雪花叫停。路两边的树春天是好看的，夏天也还不错，秋天叶子初红初黄，像薄皱的锦缎。然后冬风一起，枯黑败落，丑得不能再丑，这个时候，雪把它们救了。

雪把整个枯黑败落的北部平原都给救了，连带着把灰扑扑旧青绸色的天空也给救了。

抬头看它们从半空一点点下落，像是细如微芒的银鱼一点点游动在空气里，又像空气用着银丝细线在绣花。世界开始零零星星地变白，干净好看起来。

一汪冻水，环水的芦苇脑瓜顶的毛上把雪顶上一点儿，土路旁的蓖麻仰着的大脸盘子把雪顶上一点儿，针一样的草尖把雪顶上一点儿……雪被这儿留一点，那儿留一点，天降祥瑞，自然地上万物都要留上一留。

到得雪下大起来，天老爷像富家翁，挥雪如土，处处都焕然一新。一个青石雕的小天使，脑瓜顶上平白戴上了白帽子，小手上凭空托起了棉花团，光屁股周围还贴心地堆起了鹅羽垫。

室内娇黄的蝴蝶兰愈发娇黄。

此时此处，可作心乡。

我在这里。我不再在荒野跋涉，风大雨大；不再在茕茕黑夜走在昏茫茫的天地下。我不在书本里，不在回忆里，不在无名的孤寂里，不在伤痛里。

我在这里。

有人说，人要经常做三件事：一是独处，一是爱，一是做无用的事。

其实独处，却不必过分独处，因过分独处，孤寂就成了方方正正的冰块，压在身上承受不来。

爱，也不必过分爱，方能免了燃成扑不灭的山火或者变成燃过头的炮灰。

做无用的事，则闲庭袖手，看一只蚂蚁也是它，帮一群蚂蚁打架也是它；步出野外，听一只鸟叫是它，追一只野兔子跑过两条田埂也是它。于人无妨，于己无害，于光阴无伤，不妨多做来。

一边做，就忘了许多的事。忘了原来也曾经那么苦过，痛过；那么疼过，爱过；那么多书，原来都曾经读过；那么多诗，原来都曾经背过。

除了一颗缓缓老去的心，别的，都不记得了。

就像一场从小下到大的雪，不知不觉的，把一切都覆盖了。

人，就变得越来越拙。

不再迫切地享受，不再挖空心思地取巧。只要看看听听即可，甚至只要闻闻泥腥土气即可。

在《太阳照常升起》里，有个叫科恩的家伙，坐在咖啡馆里对杰克·巴恩斯说："日复一日，我却从来没有生活过。"在《伊凡·伊里奇之死》里，伊凡·伊里奇度过了富裕又空虚的一生，马上要死掉时，心中突然狐疑，"也许自己未能像应该的那样活过。"

其实，假如人是可以一生、一生又一生地活下去的，每一生都不是最后一生，每一刻也不是最后一刻，死亡只不过给你我开启了一道开始另一段人生的大门——这样的话，是不是就可以不那么忧伤、悔恨、急躁了？

是不是就可以笃悠悠地，傻乎乎地，过日子了？一场拯救荒原的雪，就这么一点两点地下起来了。

巧者劳而智者忧，无能者无所求。汝们尽显大能，一展宏图。容我且睡一觉，养养我这浮生一日拙。

那样多好。

红了樱桃，绿了芭蕉

美文赏析

　　这是随着一场雪而来的脑内风景，随着雪的落下，作者想到了生与死，贯彻了自己的观点：做人可以简明一些，安静一些，哪怕是傻乎乎的呢，也可以过得安心。语言平和、安静，渗透着思维的点点诗意。

北国看雪

闫荣霞

对北方人来说，冬天如果不披霜挂雪，好像就不是冬天。

开了阳台灯，夜雪乱纷纷扑往灯影，翩飞如蛾，最是撩人。狂放处风情万种，如舞台上白衣白裙的女人，踩鼓点如疾风。北国看雪，如看北国女人，别有刀马旦爱时敢爱、恨时敢恨的利索与倾情。有时片大如叶，湿重、缠绵；有时干细如粉，落在衣上、枝上、地上，"啪"就碎了。

侵晨而起，一路步行，一步一心惊。狗的脚印专门印在没被踩踏过的白雪上，有一种抒写什么的欲望。一只黑猫袅袅而行，步态从容，像模特，回头间瞳孔黄光一闪，"喵"一声不见了。一个女的一边走一边打电话，白净的脸，细薄红唇，紧身黑袄镶红边，舞台效果出来了。一个高高的中学生，猛跑两步，"哧溜"滑出老远，回过头来胜利地笑，旁边附近并没有人，不是表演给谁看。

去河上滑冰，带着孩子。铺满白雪的冰面上到处是人。老人，孩子，中年人，坐着简陋的滑板，一下下笨拙得像企鹅，大家都在笑。孩子们在不远处玩，尖声叫喊。猛听到冰面"咯嘣嘣"一路响远，大惊，转身欲逃，却又回过神来，命令先生："快，叫孩子们！"先生拍拍我："不怕的，这是冰在膨胀。"吓散了的魂儿这才慢悠悠归窍，却开始对厚厚的冰面产生不信任，每走一步，都觉腿软，所谓"战战兢兢，如履薄冰"，唯有此时，体会最深。

雪是常情以外的东西，如雨，如风，却比雨干净，比风从容，所以招人待见。白雪红梅是好景，雪水煎茶是雅趣，一树僵枝静静竖在那里，别有一种苍黑雪白相映衬的诗意。

雪是对日常生活一场不动声色的和平演变,叫人在天地皆白的玻璃盒子里,像一片茶叶泡在雪水里一样,身心渐觉舒展。身心舒展了,困住自己的世界就越发显得渺小。平时看的高房大屋,此时看去,也无非一个个火柴盒子,静静排列,脆薄处摇摇欲坠。一个"火柴盒子"上贴着大红喜字,往外喷吐着喜气,新娘子装扮一新,人们出来进去,看上去像蚂蚁。雪把世界变大了,却把人奇怪地变小了。小小的人在茫茫无际的天地间,说不出的细瘦可怜。

走在雪上,想跑,想跳,想写大字,想盘膝而坐,想画个大大的心。一切正在进行的常规事务好像都有理由戛然中断,就连思路也如一个一个的断点,连不成线。好比阿Q临睡时的情状:"辫子呢辫子?秀才娘子的宁式床……"一场华丽的梦。

明知道醒过来还是寻常世界,雪却把人像麦苗一样盖起来,怂恿着人去做一个和寻常粗糙的日子不相干的梦,梦里飞花自在,清溪流水,却又不是春天;恍然身在天堂,却又在半梦半醒间,觉出一种无奈的荒唐。

世界就是这样子的,雪来了,雪走了,一切又是老样子了,可是梦却不间断地做起来了,做着做着,就到繁花嫩柳的春天了!

美文赏析

这是一篇写雪的美文,由雪中即景延伸思路,写到雪的特性,并且展开想象,于一片大雪里,想到即将到来的繁花嫩柳的春天,语言清丽脱俗,美不胜收。比喻新奇有趣,使人读之难忘。

边走边白

邓华

今日落雪。

不是"但觉衾裯如泼水，不知庭院已堆盐"，不是"燕山雪花大如席"，不是"忽如一夜春风来，千树万树梨花开"，不是"千峰笋石千株玉，万树松萝万朵云"，不是"江山不夜月千里，天地无私玉万家"，不是"孤舟蓑笠翁，独钓寒江雪"，不是"柴门闻犬吠，风雪夜归人"，不是"白雪却嫌春色晚，故穿庭树作飞花"，不是"玉花飞半夜，翠浪舞明年"……

因为我不是岑参，不是李白，不是元稹，不是黄庚，不是柳宗元，不是刘长卿，不是韩愈和苏轼。我不是唐人，不是宋人。

我是今人。

但他们的世界里下的那一场场雪却飘进了我的世界。

董桥译一段文章，说是旅居伦敦一整年里，皇家邮局的邮差总是把邮件从大门狭孔塞进来：

"平时天天早上七点半到八点之间，狭孔弹簧啪的一声，信件跟着纷纷掉在地上，那些声音都成了我们的闹钟，提醒我该起床了，然后走下英国朋友转租给我们的这间公寓的长长的过道，烧一壶煮咖啡的水，再去收拾掉了一地的信件。水没开的时候，我总是一边等一边先翻翻克连默院报刊经售商天天送上门来的泰晤士报。接着，我把托盘上的咖啡、泰晤士报，和妻的信件全带到她的床头小几上，自己这才到客厅里喝咖啡看信。客厅的南窗又高又长，可以看到契尔西和皇家医院，可以一看看到泰晤士河和

红了樱桃,绿了芭蕉

贝特西,再向远处看,就是肯特郡的丘陵山坡了。"

然后又说自己在伦敦住了六年,"'天天早上七点半到八点之间',总是让那'啪的一声'给吵醒。然后是信件掉在地上的声音,然后起床,然后是'长长的过道',然后咖啡,然后捡信,然后泰晤士报,然后是客厅里南窗下那张咖啡色的长椅子,然后是窗外的大树小树,然后是远处的'丘陵山坡'。"

也就是说,伦敦的生活就是这个样子的,在伦敦生活过的人,大树小树,丘陵山坡,就是那么回事,写在书上了,你又读到了,于是好比他曾经过过的生活反射给你,于是你也就好像也过着那种生活了。

草木书诗雪雨爱恨情仇,就是这样被人反射了又反射。

我是觉得今日落雪与古人无关,与旁人无关,可是,为什么一看到雪,就是一片片雪花一样的诗词纷纷落?"残雪凝辉冷画屏""凤林千树梨花老""北风卷地白草折"。

有一年,大年初一落雪,穿一件黑风衣,围一条围巾,桃色的,在雪地里走,艳光四射。那个时候,发还未白,唇色光润。小孩子还小,扎着冲天小辫,在雪地里一摆一摇,哈哈地笑——如今她也识得愁滋味了。

还有一年,雪大没膝,家养的小狗冒死救主,用身体左一滚右一爬给我蹚出一条道。我弯下腰,拍拍它的头,它开心极了,一咕噜躺倒,地上深深的一个狗印。现在它已经去了另一个世界。

还有一年,站在阳台上,抬头向天上望,夜雪急急地打在脸上。阳台上开的有红瓣的扶桑花。花现在已经没有了。

如今再想提起劲来像当年那样赏雪和玩雪,却是不能了。眼前直如无物,雪下着,不晓得什么时候学会了无动于衷,一任雪花纷飞,阶前飘摇到天明。

只是雪下得太大。不知不觉,头发就白了。

美文赏析

同样的一场大雪，下在不同人的不同世界里，给人的感触是不同的，本来就是"一千个人的眼里有一千个哈姆雷特"。本文作者已经沧桑，面对雪花纷飞，看似无动于衷，但是，结尾那一句"只是雪下得太大。不知不觉，头发就白了"蕴含着无尽的情思。好的文章不是声嘶力竭，而是十分意思表三分，还有七分交给读者品。

洁白的雪

马浩

冬天,雪花不能缺席,它是冬的标志。少了这个标志物,冬便会迷失在季节里,让秋春两季摸不着头脑,人心也会慌慌的。

世间的物事,大都被冬天还原了本真。冬天,不允许夸张浮华,水瘦得清健明快,山硬得骨力挺拔,树简得疏朗从容……冬似乎是个完美主义者,它总觉得还有哪里做得不够好,于是,便有了雪花的绽放,企图让洁白的雪花把世间装扮得清白无瑕。雪花也确实有这个能力,它博大无私,怀柔天下,也从未让冬失望过。

雪花无疑是美的,漫步在纷纷扬扬的雪天里,似乎被仙乐般的音符夹裹着,激荡着,感觉人一下子变轻了,浮在了半空,仿若也成了一粒音符。那一刻,人是单纯的。

大约花与泥土都有种天生的亲近感,我说这话,不是无来由的,"落红不是无情物,化作春泥更护花""零落成泥碾作尘"等,便是明证。雪花也对泥土亲昵,我觉得雪花更乐意在乡村扎根,或者说,农人更渴望雪花的造访,那种情感,发自肺腑。

"黄土筑墙茅盖屋"的时代,雪花静静地落在茅屋上,像是经年不见的老友,话越说越密,覆盖了屋顶。篱笆墙黑黑的一圈,关注着飞舞的雪花,雪花却有意无意地疏远它;倒是草垛很淡定,雪花偏偏喜欢招惹它,给它带上一顶方巾,草垛低眉顺眼的,似乎有点羞涩;小院敞开胸怀接纳着这些天外来客,大黑狗从狗窝中跑出来,在院中溜达几圈,遗下几行梅花蹄印,向天狂吠几声,以示欢迎……炊烟起了,淡淡的烟雾里,雪花有种言不出的妩媚。站在高处,不规则的村落,被雪花装点得颇具古意。远处的雪地里,有人影晃动着,肩上挑着酒葫芦,想来是用来待客的。

拍打着身上的雪花,卸下肩头的酒、菜,火炉旁,主客对饮,"雪下得真好,这老天爷当的,没得说。"

"是啊,瑞雪兆丰年。"

酒,因为有了雪的缘故,似乎饮得更有滋有味。

冬小麦需要雪,雪就像一床大棉被,为小麦越冬防寒保暖,去除病虫害,又可滋养灌溉。冬天,又是农闲时节,雪只管随性飘落。

在城里,雪花似乎更多的是一种点缀。城里人对雪的感觉,多是一种心仪偶遇,抑或某种浪漫邂逅。路灯光下,聚集着芒花般的雪花,被匆忙的赶路人发现了,惊叫道:"下雪了!"雪,在城里很少能留住,冰冷的水泥地拒绝接纳雪花的多情。

而当城里的水泥地无法抗拒雪花的多情,城里人就开始慌神了,他们如临大敌,使出一切手段,不遗余力地清剿雪,组织人工打扫,动用清雪的铲车,撒融雪剂……

雪似乎并不管这些,依旧按照自己的心思,不紧不慢地飘落着,把所有复杂的事情变得简单起来。

美文赏析 文章运用对比的手法,把乡村雪和城中雪做对比,描绘了乡村冬雪给人以图画般的享受,表达了作者对冬雪的喜爱之情。同时运用拟人修辞方法,赋予冬雪淡泊宁静的神韵,让人对这样的雪景心生向往。

江南雪

陈臣

江南少雪，近年尤甚。

每每乌云凝聚，冷风狂癫，人们大呼小叫："要落雪了。"却是风流云散，空留遗憾和冰冷。春风夏雨秋霜冬雪，没有雪的冬天，总觉缺欠了什么。无雪之冬，不够纯正，冷也冷得不够地道。

盼雪不来，就改盼天冷，如果还能阴云密布，就更好了。冷且云厚，离雪多少是要近一步的。可老天偏偏喜欢和江南人开玩笑。阴冷了一阵，雨就来了，还是冻雨。水茫茫冰镇的大地，滑溜的路面，要折伤多少行人，冷硬的冰溜，要压坏多少树枝啊。

雨过天晴，雪就渐行渐远了。

有时，等到过年也无雪，等过数九寒冬尽，也没见一片雪花。转春，却飘来大雪，倒春寒的雪。不冷的天，春雪落地即化。只见天上雪来，地上不见雪影。

世上大凡稀罕物，都讲究派头。江南的雪，也不例外。落雪之前，要派雪粒打先锋，一粒一粒晶莹的雪粒子——江南人管它叫"雪子"——哗哗啦啦，一天一地，蔚为壮观。"雪子"是雪的先声，江南人对此秉持欢迎和喜悦的态度，再冷，再不方便，都欣欣然，奔走相告："落雪咯！"

一般来说，"雪子"落停，雪花就来了，一片一片，纷纷扬扬，飘飘洒洒，从有声到无声，从坚硬到柔软，像仙子一般，从天而降。落雪的时候，天阴得透着暗红，风呼呼甚是惊心。人们喜欢走出屋子，迎着风雪，在雪地里，耍出一片好心情。怕冷，也不打紧，手伸出窗外，接一片片雪花，看它在手上滴落，融成一洼清亮的水，任手上冰意渐趋浓重。最开心的莫过于孩子们了，手冻得通红，冷似冰，还要赖在雪地里玩，堆雪人打雪仗，过瘾得很。玩得火热，身子也随之热乎。

在乡下，见雪的狗兴奋异常，先是吠上几声，然后乐乐呵呵，来来回回在雪里穿梭。老家有一句民俗说："落雪狗快活。"

江南雪来得急猛，极少稀稀落落飘上几天几夜。就一阵子热乎劲，猛落一气，戛然而止，收身遁形。若它放慢性子，顶多飘一天，或者一夜，这定是难得一见的大雪。气象预报称之为暴雪，要发橙色预警。这样的雪，在大地上厚积，基本能达到白茫茫一片真干净的效果。

大雪，江南人是顶喜欢的。农民高兴地说："瑞雪兆丰年。"大雪，意味着大丰收。市民乐呵呵地说："明年蚊虫少了，菜蔬的农药残留也会少的。"冰冷遮掩不住在脸上涌动的欣喜。大雪不仅以雪白铺就眼前的大干净，更会在未来较长一段时间，维持一种难得的从里到外的洁净。

江南的雪，来时快，去时忽。江南有句谚语："快雪快晴。"一天，或者一夜雪，第二天一早，保准放晴。太阳一露面，雪就消瘦起来，渐渐没了影。先是道路上干净，紧随其后是向南的阳面；天晚，再觅雪迹，就只剩背阴的北面。此时的雪，告别粉末状，坚硬如冰刀，一手抓去，除了冷，更有痛感。

数天后，大地迅速恢复原貌，再要看雪，就只能看到人们在雪天堆的雪人、滚的雪球的残迹了。过往的人们，恋恋不舍那雪，你一脚我一脚亲近着去踩，已脏污得不成样子。每一脚下去，仿佛在呐喊："什么时候，还会有雪落啊？"

物以稀为贵。生活在少雪的江南的人们自然是爱雪，珍惜雪花带来的每一寸喜乐。

美文赏析

作者开篇写了江南冬天少雪的特点,紧接着,用拟人的手法写了雪这个稀罕物"千呼万唤始出来",终于让人们见到雪的"庐山真面目"。但这江南的瑞雪却是"来时快,去时忽",数天之后,就不见了踪影,却给整个世界带来了洁净。这也正是江南人爱雪的原因。

第三辑
影是光的语言

　　正月元日,三月三日,都是天色非常晴朗的好。五月五日整天的阴晦。七月七日天阴,到了傍晚在晴空上,月色皎然,牵牛织女的星也可以看见。九月九日从破晓稍微下点雨,菊花上的露水也很湿的,盖着的丝绵也都湿透了,染着菊花的香气特别的令人爱赏。早上的雨虽然停住了,可是也总是阴沉,看去似乎动不动就要落下来的样子,是很有意思的。

《枕草子》节选

［日］清少纳言

周作人　译

四时的情趣

春天是破晓的时候最好。渐渐发白的山顶，有点亮了起来，紫色的云彩微细地飘横在那里，这是很有意思的。

夏天是夜里最好。有月亮的时候，这是不必说了，就是暗夜，有萤火到处飞着，也是很有趣味的。那时候，连下雨也有意思。

秋天是傍晚最好。夕阳很辉煌地照着，到了很接近山边的时候，乌鸦都要归巢去了，便三只一起，四只或两只一起地飞着，这也是很有意思的。而且更有大雁排成行列地飞去，随后变得看去很小了，也是有趣。到了日没以后，风的声响以及虫类的鸣声，也都是有意思的。

冬天是早晨最好。下了雪的时候可以不必说了，有时只是雪白的下了霜，或者就是没有霜雪也觉得很冷的天气，赶快地生起火来，拿了炭到处分送，很有点冬天的模样。但是到了中午暖了起来，寒气减退了，所有地炉以及火盆里的火，都因为没有人管了，以至容易变了白色的灰，这是不大对的。

三月三日

三月三日，这一天最好是天色晴朗，又很觉得长闲。桃花这时初开，还有杨柳，都很有意思，自不待言说。又柳芽初生，像是作茧似的，很有趣味。但是后来叶长大了，就觉得讨厌。不单是柳叶，凡是花在散了之后，也都是不好看的。把开得很好的樱花，很长的折下一枝来，插在大的花瓶里，那是很有意思的。穿了樱花季节的直衣和出袿的人，或是来客，或是中宫的弟兄们，坐在花瓶的近旁，说着话，实在是有兴趣的事。在那周围，有什么小鸟和蝴蝶之类，样子很好看的，在那里飞翔，也很觉得有意思。

五节日

正月元日，三月三日，都是天色非常晴朗的好。五月五日整天的阴晦。七月七日天阴，到了傍晚在晴空上，月色皎然，牵牛织女的星也可以看见。九月九日从破晓稍微下点雨，菊花上的露水也很湿的，盖着的丝绵也都湿透了，染着菊花的香气特别的令人爱赏。早上的雨虽然停住了，可是也总是阴沉，看去似乎动不动就要落下来的样子，是很有意思的。

树木的花

树木的花是梅花，不论是浓的淡的，红梅最好。樱花是花瓣大，叶色浓，树枝细，开着花很有意思。藤花是花房长垂，颜色美丽地开着为佳。水晶花的品格比较低，没有什么可取，但开的节很是好玩，而且听说有子规躲在树荫里，所以很有意思。在贺茂祭的归途，紫野附近一带的民家，杂木茂生的墙边，看见有一片雪白地开着，很是有趣。好像是青色里衣的上面，穿着白的单袭的样子，正像青朽叶的衣裳，非常的有意思。从四月末来到五月初旬的时节，橘树的叶子浓青，花色纯白地开着，早晨刚下过雨，这个景致真是世间再也没有了。从花里边，果实像黄金的球似地显露出来，这样子并不下于为朝露所湿的樱花。而且橘花又说是与子规有关，这更不必更加称赞了。

梨花是很扫兴的东西，近在眼前，平常也没有添在信外寄去的，所以人家看见有些没有一点妩媚的颜面，便拿这花相比，的确是从花的颜色来说，是没有趣味的。但是在唐土却将它当作了不得的好，做了好些诗文讲它的，那么这也必有道理吧。勉强的来注意看去，在那花瓣的尖端，有一点好玩的颜色，若有若无地存在。他们将杨贵妃对着玄宗皇帝的使者说她哭过的脸庞是"梨花一枝春带雨"，似乎不是随便说的。那么这也是很好的花，是别的花木所不能比拟的吧。

梧桐的花开着紫色的花，也是很有意思的，但是那叶子很大而宽，样子不很好看，这与其他别的树木是不能并论的。在唐土说是有特别有名的鸟，要来停在这树上面，所以这也是与众不同。况且又可以做琴，弹出各种的声音来，这只是像世间那样说有意思，实在是不够，还应该说是极好的。

树木的样子虽然是难看，楝树的花却是很有意思的。像是枯槁了的花似的，开着很别致的花，而且一定开在端午节的前后，这也是很有意思的事。

美文赏析

"苔花如米小，也学牡丹开"，美好的事物，常常在美好的心灵里绽放，看似无味，品匝却如清茶般幽幽芬芳。寻春，探夏，觅秋，赏冬。留恋于桃柳梅樱的茶蘼，徜徉于橘梨梧桐的诗意，有意思的生活，有意思的作者，让我们也找出自己的无数"有意思"，做有意思的人吧。

月亮堂堂

秋子

月到中秋，分外的清白而圆润，挂在蓝汪汪的远天上，像豆芽缸里刚捞上来一样，又白又胖。

记忆中，每每这时候，奶奶站在门旁，对着浩瀚的天空里那一轮皓月，很抒情地叹道："月亮——堂堂哦！"于是掇条长凳放在门前的场地上，她坐在一片奶白色的月光里，周身晕染一层绒绒的白光，像莲花上的观音。

我喜欢奶奶那句"月亮堂堂哦"，多年后再在嘴边咀嚼，只觉得有一片浩茫而澄澈的月光，那样广大无边地覆下来，人世乾坤，堂堂中正。就连月色里夜游的飞蛾与蚂蚁，都能在这蛋青样的月夜里，觉出尘世的清明与平和，还有悄悄的说不出的欢欣与满足。

月亮堂堂的夜晚，奶奶喜欢坐在门前的石阶上剥豆。豆是种在田埂上的豆，或者无人耕种的河畈上，个个豆荚长得肚大腰圆，得意满满。黄昏时，奶奶从河畈或田埂上背一大捆豆秆回家，堆在场地上或者屋檐下。晚饭吃过，吹了油灯，只见月光无限慷慨地洒下来，粉粉地铺在门前的石阶上。奶奶坐在那月色里剥起豆来，安静无声的。只是过那么一会儿，会扔了一棵已剥完的豆秆，再抽出另一棵，如此不缓不急。没有什么会惊扰得她停下，也没有什么会催着她赶紧，剥豆的奶奶和月光一起构成一幅人间的画儿，安详而明朗——是月光，把一个乡间老妪最普通的劳动，注解成人间美丽的图画。

有一年仲秋时节的夜里，是下半夜，我口渴了，爬起来到厨房找水喝。拖着一双凉软的布鞋，朦朦胧胧到得厨房，立时惊呆了——好一片月色！

红了樱桃，绿了芭蕉

那一片仲秋后半夜的月光，透过厨房窗子上的玻璃纸，满满覆在锅灶上，满得要溢出来，分外的明净与纯正。厨房也仿佛被这一大块月光清洗了一样，锅铲子亮得灼眼，平日里黑黝黝的松木锅盖，这一刻显得那样洁净与沉静，横躺在锅沿上，竟像入了禅。厨房里，没有月光的地方，还是一片潮润润的幽暗，幽暗的水缸底下，蛐蛐儿叫得正欢，那唧唧虫声虽在暗处，却也有月光的清明与澄澈。我提起瓢子舀了半瓢水，水里也晃动着一小块光亮，我欢喜地把水喝下，连同那一小块晃动的光亮，只觉得自己也通体透明而洁净。月亮的光明与美好，那一个后半夜里，我也有了，我身体的这个小宇宙，角角落落，都得了月光朗照，白日里的不快，人前藏不住的那慌乱与卑微，都在这月光里消融不见。

我忍不住开了门，走到屋外去，四隅一片沉静，我走在一片清凉的月色与清亮的虫声里，只觉得如步莲花上。隔壁人家的房顶，远处黛色的田野，都笼在一片纷纷扬扬的乳白色里，月如霜啊，千里万里，无边无际。抬头看中天，星辰如贝壳现在沙滩上，银河浩荡，伴同西边那皎皎一轮，十万光明就这样洒下人间处处，却又这样无声无息，没有惊扰。我心里有无边的欢喜和宁静，可是说不出来，仿佛置身在一个充满爱与安宁的美好世界里，一个幸福可以绵延到地老天荒的童话里。

月亮堂堂的夜晚，生活与尘世，在一个女子的眼里和心里，是这样一点点美好安稳起来，以至可亲可信。

美文赏析　　文章颇有图画美、意境美。通过作者文字的描述，在读者眼前呈现出一幅幅生动的画面。作者调动视觉、听觉、嗅觉等多种感官，描绘了奶奶在月下剥豆的情景，和"我"半夜起床喝水时所见到的美好月夜之景，令读者在阅读中也仿佛身临其境。因此，写文章的时候，我们要学会用自己的笔，牵着读者，缓缓看尽风光。

影是光的语言

马浩

语言是用于沟通的。

在人们的印象里,语言就是说话。人有人言,兽有兽语,鸟唱虫鸣,牛哞马嘶,龙吟虎啸……其实,世间万物都有其语言,有些语言是不用发声的。月动花影移,影子落到地上,那是光的语言。

光有着丰富的语言,肢体语言似乎比人更加夸张。光的语言是无声的,无声胜有声。花赠美人,宝剑送英雄。会说也要会听,否则,也就等于问道于盲。好像没有人不喜欢光,喜欢是一回事,懂是另一回事。

人太过关注他人或自己的影子,以至于忽略了光是普照大地的,没有多少人会用心聆听光都说些什么。人们似乎乐于捕风捉影。

风动枝摇,光影似乎喜欢自言自语,自娱自乐。天光云影,流水落花,云破月来花弄影,桨声灯影……晨光熹微,树影悠长,花影斑驳,山影潼潼。夕阳西下,人影绰绰,灯影迷离,夜影漆黑。一切似乎都在静默中进行着,光的话,被风吹走了,被人带去了远方,被树缠绕在了脚下,似无人会。

"起来独自绕阶行。人悄悄,帘外月胧明。"总有人懂得光影的语言,与影子倾心交谈。李白便是喜欢跟光闲聊的诗人:"举杯邀明月,对影成三人。……我歌月徘徊,我舞影零乱。"《静夜思》中,月光并没有把心里话投射给影子,李白却看到了月华的霜影,令他清夜起相思。

苏东坡亦是月的知音。他的《记承天寺夜游》中有"庭下如积水空明,水中藻、荇交横,盖竹柏影也"的句子。月光的话,他听得真真切切。他一肚子的不合时宜，从不骑墙妥协，趋炎附势。他宁可食无肉，也要居有竹。他起舞弄清影，与月狂欢。

沈三白是个才子，《浮生六记》是真性情的文字。沈三白与爱妻陈芸喜欢侍弄花草，他们家养的兰花极有风致，一日小聚，到了夜晚，夜月如银，兰花的影子映照在白色的墙上，别有一番情趣，好友星澜趁着酒兴，用白纸铺在墙上，用笔照影描画。白天一看，花叶萧疏，自有月下之趣。月光之言，在沈三白听来是享受生活之趣，心有闲情，过日子便能苦中作乐，化苦为甘。

以梅为妻的林逋，他的写梅名句"疏影横斜水清浅，暗香浮动月黄昏"，千古一绝。从古至今，梅花都是文人墨客吟咏的题材，唯林逋最为懂梅。那与他跟光一夕畅谈不无关系，他听懂了光语。

孩童对光影亦是敏感的。能听到光跟他说话，他们笑嘻嘻地追逐着自己的影子，脚手并用，光似乎也很乐意，要把温暖明亮照进孩童的内心。

读懂光的语言，不是用眼，难得心会。

美文赏析

本文独具慧心，把影子当成光的语言，从立意上就胜了一筹。然后写到了各人眼中心里的光影，最后点明主题，要读懂光的语言，用的不光是眼，更要用心。世间的美，都是要用心去看的，所以要有细腻善感的心灵。

看云

许砚

　　看云最宜在午后。

　　尤其是夏天，梅雨季节，一场骤雨初歇，天空格外明净高远。这时，躺在靠近阳台方向的藤椅上，看那飘在青空里的云。那些云好像吃草的羊，已经吃到了山顶上，体态丰硕，神情悠然。

　　夏季水丰，水气蒸腾，所以养出来的云总是蓬蓬的，润润的，轻轻的。我看着它们在天空里飘，飘来了一片，是孤帆，又飘走了。可是又有成群的云朵来了，好像梨花满山坡开放，春色盛大清美。我阳台正对的这片天空，有时是落潮的海，有时是波涛起伏、浪花扑打着岩石的海湾。

　　那些云，各有各的性情姿态。它们经过我的阳台边，之后消失，又经过别人家的阳台。像时间和生命。我拥有蓬勃年华的时候，有一些人已经衰老。我衰老走完人生的时候，会有婴儿在襁褓里哭泣。生命和时间，是我的，但并不总是我的。

　　那些云，都有前世的吧。前世，有的是黄河之水，有的是长江之水，有的是屋檐下的水、洼里的水，有的是植物经脉里流淌的水，有的是伤心人和欢喜者的泪水，有的是春晓花蕊里的露水……它们的前世，有的壮阔雄浑，有的渺小卑微。但是现在，它们都是天空里的云。一样的天空，一样的旅程，一样的命运，一样的使命——化成水，再回到大地，再次演绎纷繁的一生。

　　第一次坐飞机，飞机升到空中，我终于好近好近地看到了那些白云。

它们真白，真轻，萦绕窗外。飞机在云中，我在飞机里。我猜想，我乘坐的飞机穿过云层时，会不会把这些又白又嫩的云弄疼？

看云的时候，我真想也变成这洁白轻盈的云朵。

但我知道永不可能。云能变成水，而我只能变成尘。好在，尘也是要成为大地的一部分。

想起小时候，大晴天里，放学之后故意迟迟不回家，枕着书包躺在江堤上的秋草里，看暮云。有的白得像雪，有的被夕阳照成了绯红色，像新娘含羞的面颊。我那时老嫌云走得太慢，比吃草的牛走起路来还要慢。我也嫌天空太过辽阔，这么大，云要走到何时才能到家？而我，只要起身，肯定比云先到家。我一边躺着看云，一边听着草丛里虫子的叫声，马兰花在耳朵边摇曳，散发清幽香味。泥土里的湿气顺着杂草的茎叶，绵延到了我的衣服和后背。我恍然觉得云也是那样软而凉的。

现在，我也偶尔躺着看云，不觉得云走得慢了，反倒羡慕云的悠然。那么辽阔的天空，它都有耐心去慢慢走，直到把自己走完，走成水滴降落人间。

云不仅悠然，也洒脱。它哪里都去，哪里都不停留。无数次，我坐船过江，水天茫茫之间，都会看见一些或聚或散的云朵。我们过江，云也过江。我在江边用手机拍，拍云朵，拍云朵之下的江水，拍两岸绵延的柳林。等我返程过江的时候，如果再拍，手机里的云朵已经不是现在的这几朵。江水、云朵、渡船和我，机缘让我们此刻构成一个画面，停留在同一个时空里。但是，下一刻，春云渡江去，江水也片刻不停留。想想，其实也没什么好伤怀的，尘世间的相遇，说到底都是偶然。因为偶然，所以转瞬会消失，会变卦，会走样。

只有结伴，没有停留。只有暂时相遇，难有永远守候。在松竹森森环绕的大山里，我看见过一池碧蓝碧蓝的水，蓝得像暴雨过后的天空，蓝得像月下美人的眼泪。蓝得我不敢走近水边，怕我的影子冒犯了它的纯粹。可是，我看见了水里的白云。这么美的水，这么美的白云倒影。倒影也在水里漂移，白云依旧要往远方去。

费翔唱《故乡的云》:"天边飘过故乡的云……"其实,白云没有故乡。

美文赏析

文章题目简洁凝练,全文紧紧围绕"看云"二字展开,由云的形态、颜色,写到云的来历和移动变化等,将人们司空见惯的云朵写得丰富多彩且有深度。作者语言形象生动,特别是写云朵的形态时,多处运用比喻,生动传神。

顶上寂寞

梁园月

爱看古董，软软的竖排线装书，古旧的陶瓷灯座，发乌的银镶鼻烟壶。还有零零散散的点翠簪子和蝴蝶蜻蜓样的头花，托在手里，黄旧发暗，不知在昔年繁华里面，它曾经被簪在哪个美人鬓上。

每到故宫，看见那些坚锁在透明玻璃匣子里的珠宝首饰，都不由得惊艳。

"云鬓花颜金步摇，芙蓉帐暖度春宵。"步摇，就是清人所说的流苏，大约取风吹而过，如水流动之意：一只羽毛点翠的蝙蝠衔一个羽毛点翠的流云如意头，头下平行缀三串珍珠长穗，串珠底用红宝石坠角。戴在美人头上，"步则摇之"。现在美人不知安在哉，只剩这一挂步摇和我隔着玻璃默默相望。我醒着，它睡了，梦里还是金粉世界，梦里还是绝色倾城，梦里还是稀世繁华，梦里还是顶上风光。

轻步而前，面前是两根簪。女人首饰中最常见的大概是钗与簪了。古时女子长发披肩，若非钗簪无法系绾。只是越到后来越奢侈，从原先的荆条柳棍，铜丝铁线，渐渐发展到金玉珠宝，花纹繁复美好。这是一支银镀金蜻蜓簪，银针，蜻蜓翠翅，蜻蜓头碧玺嵌珠，红蓝宝石的蜻蜓身；另一支银镀金镶珠宝松鼠簪，小巧玲珑，银针，银镀金累丝松鼠，点翠花叶，嵌碧玺、珠翠、紫晶与红宝石。发簪中最精美要数翠羽簪，用翠鸟的蓝、紫色羽毛在金银制成的簪架里面粘贴，是谓"点翠"，再配上一圈"金边"，或在金边上嵌翡翠、珍珠、碧玺、珊瑚，再饰以美满的吉祥图案。撒花作、镂丝作、玉作、牙作、镶嵌作、珐琅作的道道功夫，才能成就一支小小的发簪。簪在鬓间，光彩绚烂，衬着如漆黑发，如丹红唇，桃花人面，天上人间。

还见到一副花钿。这是清代皇后的金累丝嵌珠五凤钿，通身14只金累丝凤，每只凤都口衔珠玉流苏，其中有五串流苏中有红宝石，做工精细，用料昂贵，价值连城。

所有这些，大约可统称一个名字：珠翠。

清人王韬《淞滨琐话》有"妾头上珠翠，计可值三千金"。金银珠玉制成的珠翠，已经脱离了钗簪绾发贴鬓的原始意义，而成就了大富之家的流行语：奢侈去。是的，奢侈去。你看这些红蓝宝石，你看这些金银玉器，你看这美人戴的满头珠翠。"美人梳洗时，满头间珠翠，岂知两片云，戴却数乡税？"

而这种奢侈，又有多少意义？深水采来的美玉，石中熬炼出的金银，翠鸟美轮美奂的尾羽，制作出件件精美的首饰，左一件右一件插戴在美人的鬓间，给谁看？所谓女为悦己者容，可是一入深宫大院，谁是悦己之人？即使不入皇宫，嫁入豪门，也一样要做一个披金戴银的纸人。一个人假如只如一件首饰一样起装饰的作用，她的心就会空，会冷。倒不如荆妇村姑，鬓戴野花，笑趁春风。

到现在一切俱已矣，美人远去，寂寞远去，只剩下这些玉簪与珠钗，金钿与步摇，守着光阴一起老。顶上风光，也是顶上寂寞，这就是典型首饰的典型命运。看着它们沉沉地睡在玻璃盒子里，真想伸出手去，像弹一弦琴，"嘣"把它们猛然唤醒。

美文赏析

文章标题起得别致，却很贴合内容，原来美人们顶上戴的珠翠，不是珠翠，而是一头寂寞；而寂寞又是典型首饰的典型命运。这样一来，首尾圆转，结构圆润。而且行笔温婉流畅，有着打动人心的特性，结尾更是猛然提高一下，爆发出一个令人难忘的强音。

老墨

许不疑

墨是苍老的。像老僧。

古人制墨，先将松枝不完全燃烧，以获得松烟，接着要将松烟和一种已经文火熬烊的胶搅拌在一起，拌匀后还要反复杵捣，然后要入模成型，晾晒，最后描金。

这样煎熬辗转，到最后成墨时，当初的一截松枝，它的黑色的魂魄真就是走了几世几生啊！

到了文人雅士那里，提笔蘸墨，在宣纸上，还没落笔，一颗心，先就霜意重重地老了。泼墨，渲染，皴擦，这之后无论点上多少片风里零落的杏花，那山野还是老的，江湖还是老的。水墨江南的春天，也不过是老枝旧柯上新发的春天。可是，这样的春天，总有种深情在里面。

有一次看画展，是水墨画展。有一幅画的是荷叶，一池的荷叶，垂眉敛目地皱缩在秋水之上。是残荷，一色的墨色，好像是整砚的墨都倾倒在宣纸上。那些荷叶，也好像是铁定了心，要往黑色里沉淀下去。是看穿了，看破了，不看了，淡月笼罩下一袭僧衣的背影给世人了。

我想，画苍老厚重之物，画风物的内在风骨，墨是最好的染料。千年松，万层岩，秋荷，枯树，瘦竹……都是最适宜用墨的。墨的灵魂在那些风物的形态里住得稳，住得深。墨有那样的沧桑，那样的浑重，那样的内敛。

画家黄曙光在江城举办个人画展，我特意去看。一进大厅，墨意袭来。放眼环视，满目山水，四季风物，真是江山辽阔而多娇。流连画前，看墨在奔涌,在延伸,在呼应,在禅坐……

我喜欢看墨色芭蕉和茶壶。

芭蕉在墨里水灵灵的,清新蓬勃,饱满生动,枝叶披拂里有巍然成荫的志气。我喜欢芭蕉的婆娑盎然和笃定。

而茶壶却老得如山翁村叟。久看那茶壶,仿佛装了千年的风云,深厚,静穆。一壶在几,人间千年无新事。咀嚼那样的墨壶意韵,会觉得伊人秋水、死生契阔这些事都是轻的。

那么,什么是重的呢?《桃花扇》的最后一出《余韵》里,唱戏的苏昆生往来山中做了樵夫,说书的柳敬亭隐居水畔做了渔翁。两个见证了江山兴亡的人,遇到一起,无酒,就一个出柴,一个取水,煮茗闲谈。苍山幽幽,烟水茫茫,那一壶茶分明就是一壶的南明旧事啊。那样的闲谈时光是苍老的,是重的。水墨里的茶壶也是老的,是重的。心若不老,提不动。

我曾经买了些笔墨纸砚,可是一直不敢去弄墨,内心有敬也有惧。这几年,看看身边的几个朋友,有的渐渐就亲近起笔墨来了。他们从前嬉笑怒骂,从前流连歌舞楼台,从前周旋于权势名利,现在忽然就把自己放养起来了,放养在纸墨之间。也许,年岁增加,阅历渐丰,人慢慢就沉下来了。一片赤子心,归顺墨里,做水墨江山的子民。

人往墨里沉,就这样把自己也沉成了一块幽静的墨,把纷扰的日子过成了意境悠远的水墨。

我看着他们,羡慕得紧,好像好日子都让别人过去了,就我这里萧瑟着。

我自知,我的心还不静,还留恋摇曳缤纷,还配不上一片墨色。

万物都走在节气里,我也不用急。也许有那么一天,我也能一管羊毫在手,清风明月地过起日子来。彼时,墨在宣纸上深深浅浅地洇润,日色在东墙上隐隐约约地移动……有墨在,这样近地在着,就不怕老了。

再老,老不过墨。

红了樱桃，绿了芭蕉

美文赏析

　　文章语言平实，内容深刻。"老墨"，不错，墨是老的，有这样的灵魂，画出画来也是静穆、沉稳的，如一位老者。老墨的韵味勾起了作者对水墨画般生活的向往，同时，老墨也是作者一颗静下来的心。这样一来，作者使墨的灵魂与自己内心相结合，所想表达的意境被文字体现得淋漓尽致，读后回味无穷。

看这个世界红了樱桃，绿了芭蕉

西风

喜欢一篇文章开头一句话：

"帕格尼尼是黑色的，肖邦是湖蓝；张爱玲如流金般，亦舒蜷在牙白里；母亲是淡黄色，小孩子是粉粉的红，这些老去的，年轻的男人和女人都有属于他们的颜色，翻过他们就像翻阅着斑斓的调色板。"

对呀，这个世界，就是一个大大的调色板。

初春是一个初长成的娇娇女，淡绿娇黄，就像《花为媒》的唱腔，它的前景是一片值得向往和期待的"花红叶绿草青青"。像宝钗的丫头莺儿，语笑若痴，宛转动情。

春深是"红了樱桃，绿了芭蕉"的温温柔柔的粉光脂艳，红得端正，绿得经心，是那个安闲温淑的薛宝钗。

夏天是"接天莲叶无穷碧，映日荷花别样红"，是疯狂恋爱时的色彩，容易失控，是那个外秉花柳之姿、内具风雷之性的夏金桂，偏巧她就姓个夏。

晚秋是"满天明月满林霜"的清泠的银白，是被贬穷壤的苏轼，是不才明主弃的柳耆卿，是僵卧荒村的陆游，是怀一怀清霜的李叔同。

冬天里一片肃杀，枯树裸露着黑铁般的枝丫，直直地进逼高而远的蓝空，一只猫头鹰在深浓的夜色里哭着飞过。是那个奔走在家业和人生末途上的老太君，是《金锁记》里用金枷劈死了几个人、自己也正走向坟墓的曹七巧。

凤尾森森，龙吟细细的潇湘馆，是清清幽幽的绿色；土墙编篱，纸窗木榻的稻香村是朴素的麦田黄色；短茎护墙，煽炉煮茶的芦雪庵是安静的土白色，像我夏天曾经做过的一身本白色布衣，飘飘洒洒，带着本分闲适笑看风云变幻的自在。

黛玉是淡淡忧伤的紫色，凤姐是泼辣热烈的金红，宝钗是沉稳理智的正红，宝玉温柔的时候是淡蓝的，疯魔的时候是明黄，见了他爹就暗缩成了一小球儿的黑，出家的时候，是浪子终于回头，离弃了一切悲欢的透明。

他们的衣裳也是五颜六色：凤姐是走到哪里都一身的金光灿烂，家常穿来见刘姥姥，都是紫貂昭君套，桃红洒花袄，石青刻丝灰鼠披风，大红洋绉银鼠皮裙。若不是得宠，谁敢穿得这样奢华和耀眼。下大雪，琉璃世界，白雪红梅，黛玉换上掐金挖云红香羊皮小靴，罩了一件大红羽纱面白狐狸里的鹤氅，系一条青金闪绿双环四合如意绦，头上罩了雪帽，真是一个旷古绝世的美人。十来个人，铺天盖地的大雪里，一色的大红猩猩毡和羽毛缎斗篷，画上画的也没这样精致。

景致再好看也没有用，人物再出众也没有用，颜色再温柔富丽也没有用，到最后，花褪了残红，命散了凉风，最让人心里哆嗦是宝玉无意吟出的那一联对比：红绡帐里，公子多情；黄土垅中，女儿薄命。红绡帐和黄土垅怎么就成了开端和结局呢？反差大得叫人不能承受。一场大雪覆盖所有的恩怨离别，收场的是天地间一片白茫茫真干净。

一时好玩，想起好多嵌着颜色的诗句来，比如说"红了樱桃，绿了芭蕉"，比如说"回廊四合掩寂寞，碧鹦鹉对红蔷薇"，比如说"深院下帘人昼寝，红蔷薇架碧芭蕉"，比如说"一片风光谁画得：红蜻蜓点绿荷心"，还有一个"落日平江晚最奇，白龙鳞换紫玻璃"，果然是最奇，少有人能想到。诗人有点另类思维。

最传统的也最持久。如瀑黑发，如丹红唇，才是经久不歇的美丽。

再想得远一些，几乎所有模糊的情绪都可以用颜色来做一个恰如其分的表示。

亲情是温暖而不热烈的夕阳红，朋友是温馨而不灼人的玫瑰红，陌生人不期然的关怀是一团橘黄色的光，不定什么时候就拥抱和温暖了一颗彷徨失据的灵魂。

美文赏析

　　文章把颜色写得纷繁美丽,又把各种颜色赋予了各种性情,读来令人耳目一新,又觉得十分的"贴",显示了作者丰富的想象力。文章的语言花团锦簇,美不胜收,又运用了细腻的比喻、排比等修辞手法,更增加了艺术感染力。

晓色

许又

喜欢早晨。

晨起时，一个人走在楼下，晓风轻拂。有时树边小立，透过静寂树荫，看天，看那种纯净的月白色，慢慢被橘红的朝阳晕染。看了，会踌躇满志，会觉得时光里有可期待的热烈与绚丽。

一天，就这样开始了。

我喜欢开始，喜欢出发。所以，喜欢清晨，喜欢做一个在晨光里赶路的人。

清晨的露珠，调皮地悬坠于叶尖，又不堕凡尘。合欢，香樟，玉兰，还有梅树与桂树，所有的树木都那么母性，捧着满怀的露珠，在晨气里默然。

还记得童年时，被父母亲催着早起，背着书包去上学。在乡村的透迤小路上，我的头发上会落满露珠，脚丫子也被露水濡湿。邻家的篱笆上，朝颜花的藤蔓深情缠绕，上面探出一朵朵半开的紫红花儿，我伸手一掐，露水泼泼洒洒。指尖上，衣袖上，都是露水的清凉。

早晨总是新的。

即使是秋天，晨光晓色也都是新的。你瞧，昨天的草色老绿，今晨的草已经泛黄。今天的秋草黄了，到明晨，大约已是霜红。

楼下一株紫薇，花期漫长，初夏就开，做喜事一般，灯烛高悬地开到深秋。每天清晨路过，我伸出指尖碰碰，又是一朵朵新花，在露水里端然开放。开旧的那些花儿，什么时候凋谢，我全然不知。我以为这株紫薇，从初夏到深秋，一直都是芳华灼灼，是永远的十八岁。因为一直开放，以至让人忽略了它其实也在凋谢着。

我想，作为一棵花树，能对抗凋谢命运的，就是不断开花吧。

回头看自己，写着写着，一路悠悠荡荡，竟然也写了有十年之多。

十年，足以让几杆修竹蔓延成一片葱郁竹林。十年，蒲公英的种子在风里，已经传播了数十代。十年，江河在大气循环里轮转了无数回，从流水，到云朵，到雪花……又成为江河。

十年，我在街角遇到过多少陌生人？十年，时间的洪流，要淘尽多少人情物事？

可是，我一直在这里，在书页之间，安营扎寨。最深情，还是在书写里。在书写里，我像一个沐着晨风独行的人，唯愿这样一直地在文字里独行下去。

这样的独行，似乎也是一种对抗。对抗时间，对抗庸常。

就像楼下的那株紫薇对抗凋零一样，在晓色里。文字，也予我一片晓色天地，宁静，空阔，我可以浮想万千。

我不要做日暮灯火，即使璀璨，即使奢华。

我要做晓色里远行的人，路漫漫最好，我可以不断地出发。

美文赏析

本文题为"晓色"，内容紧扣题目，依次写了早晨的天空、露珠、花朵，最后表达自己愿意做一个在晓色里远行的人。作者写"晓色"，意在启发我们，趁着人生青春年少的"晓色"，抓紧时间，迈步前行，去追寻我们的人生梦想。

绿窗明月在

默默

钱锺书说，窗可以算房屋的眼睛。诚然。有门无窗之处，大概不适宜于人居处。现在的方玻璃满墙大窗，让阳光一点不剩地全照耀进来，灿烂得人眼花，好像一个人藏不住隐私般的，也让人有些不自在。形质两胜，赏心怡情方算得好窗。

古时为窗，富贵人家抹油涂朱，蚌壳磨得半透明代替白粉纸。越到晚来，玻璃出现，那钟鸣鼎食之家，窗子自然也更新换代，用明亮的玻璃代替了半透明的蚌壳。但是寒素人家仍旧以纸为窗，以至于如果想窥人隐私，只需舌尖一舔，就可破纸直观，内里人或正浓睡，或正密谋，或正龃龉，尽收眼底。古今多少事，都坏在多事人的一舔之中，或可言为都坏在蒙在方格小窗上的脆弱绵纸之上。

更有甚者，赤贫之士，无窗可用，只在墙上挖上一个窟窿，眼睛也似，终日价任它合不煞，黑洞洞的，外人或直窥屋内，内人可直视屋外。无奈之际，只好用一只破瓮，敲破了底子，塞在洞里，权为窗计，聊胜于无。

单单从审美而言，窗不可或缺。"窗含西岭千秋雪"，严冬来时，肃杀萧条，大雪片片，落满窗外世界。窗内人看窗外雪，温馨中有清冽和天高地远，窗外雪睹窗内人，寒冰中有这一点温存。诗中有画，画中有诗。

至于平常百姓，既不会如哲人般对窗而思，因窗而悟，也不会像文人般面窗而愁，倚窗而伤。旧时的窗，多是小格木窗，少有玻璃的。窗纸是粗粗的毛边纸，窗既小，且不透光，屋里总是暗无天日。只有到了过年时节，才狠狠心，把窗扮扮靓，从店铺里买来白白挺挺的粉连纸，挺挺括括糊在窗上，虽然屋里仍旧是暗，但窗美了，心情也觉得亮丽了许多。而且，杀猪宰羊磨豆腐纳鞋底做一家老少的衣服之外，当娘的还会在夜里盘腿坐在炕上给窗户剪花戴。到了年三十，把这些窗花小心翼翼地贴在窗上，一下子喜庆热闹扑面而来，好像听到远远的锣鼓声咚咚地敲响，新年的脚步随着美丽的窗子和上面的花朵，一步步走来了。

人常说，眼睛是心灵的窗户，诚然。人而有眼，真好像在脸上开了两扇小窗。白天呱嗒嗒一开一合，把外面世界尽收眼底，也把自己或有意或无心地展示给别人。晚上关窗睡觉，在梦里打开另一扇窗，上演或悲或喜或惊怪或火爆的大戏。

婴儿落地，没有荣辱纷争，没有利益攸关，没有爱恶情仇，心胸坦荡荡，所以眼睛里是一尘不染的清澈和平和，就像新年新房的新窗，敞亮干净；年齿渐长，忧烦日多，心机渐深，眼睛已经成了一潭深井，不能见底，房也旧了，窗也脏了，屋里也暗下来了。试想，假如有一天，满街的人流，无论老幼男女，都睁着安详和善的眼睛，那么，这个世界上，大概就不会有战争、饥饿、灾害、贫困了吧。就好比新房新屋新窗户，浩茫的月光散发着温润明亮的光泽，让人神往。

美文赏析　　本文以时间为线，把窗的历史通过如诗如画的语言表达出来：不同身份的人，住的屋子的窗也不一样，这是现实的窗；还有一种哲理的窗，是人的眼睛，因为眼睛是心灵的窗户。作者提出的愿景就是每个人都有一双安详和善的眼睛，这样整个世界也就会变得安详和善。文章行文流畅，语言温润，读之令人心安。

夜静得太美

瘦尽灯花

夜静得太美，让人想入非非。

"雨中黄叶树，灯下白头人。"走过了绚烂的春和狂暴的夏，叶子嫩金转碧绿。秋风一起，渐成黯黄。即使微小如一片树叶，也会在雨中默默回忆。而此时的灯下，有一个走过人生三季，一直走到白头的人，也在垂头想着走过的风风雨雨。二者都在静默，只有雨声淅淅沥沥。

"君问归期未有期，巴山夜雨涨秋池。何当共剪西窗烛，却话巴山夜雨时。"思念缭乱心绪，等待最是无可奈何。此时静只是表皮，心里受着滚油样的思念的煎熬，盼天明天不明，盼人到人不到。只有久别重逢，执手相看，不胜唏嘘。悲也悲过，喜也喜过，平静下来，共同叙述思念情景。油灯昏黄的光晕把两个人头并头、手执手的影子映在瓦屋纸窗上，外面是潇潇夜雨。此时的静，才是"君已来到，我复何求"的满足安宁。

夜静，春静，禅静，花儿静静开放，冬雪静静飘落，秋池碧水倒映着蓝天白云，小石潭里的鱼儿游来游去，万物静观皆自得，四时佳兴与人同。静非枯静，不灰不死，静里有看透世间万事万物的慈悲和对造物大恩的无上感激。静里没有过于高大或者过于渺小的自己，看山同己，看水同己，看树同己，一缕风过，也是自己。

静是看天看地，看白云苍狗，静是看草长莺飞，柳暗花明，喜悦微凉，却不至见花落泪，对月伤心。

静是看外面孤月一轮，自己的生命也渐缩渐短，却无甚大恨大悔，没有怕想之事，没有怕见之人。

夜色深浓，天上缀满繁星，坐在窗前，细品心情，静原来是流水断桥芳草路，淡云微雨养花天。

　　动静语默在乎一心，行走闹市，身边人熙熙攘攘，叫卖声谈笑声骂架声不绝于耳，这个时节，哪家店里笛声悠悠响起，就感觉连天飞尘正降下去，降下去，喧闹的世界渐退渐远，温柔的清明踏歌而来。想起很多人，很多事，自己还在，心还在，情还在，不由得不安静地笑起来。

　　深夜不睡，掩卷抬头，向着窗外吁一口长气。静是超越时空，超越性别，超越自然的和社会的边界，和一个人或一种情绪的最真实的灵魂面对。在时间和心灵的旷野里，自己和自己剥离，去远赴一场爱到深处的约会，有欢笑也有泪水。哪怕只是静静地面对，也感觉本来平常的夜晚如此之美。

　　面对整个世界和一轮月亮，风吹动头发，想起过往；花儿都在春夜的空气里静默，垂着头做蜂飞蝶舞的梦，唇边一抹粉红。《二泉映月》就幽幽地响起来了，从狩猎的远古响到飘零无依的今世，从抱着皮球梳着小辫、双颊喷红的喳喳叫的丫头，响到而今的人妻、人母。身边的床上睡着的孩子均匀酣熟的鼻息，脑海里勾出许多画来，平林漠漠烟如织，一个山僧扫黄叶，雪地里静默的一树僵枝。

　　静美如水，漫过沙漠，缓解旅人焦渴，没有伤没有痛，没有思念悬想盼望，我在这里，诗啊词啊书啊友啊在这里，整个世界在这里。花枝春满，天心月圆，行到水穷处，坐看云起时。夜静得太美，让我怎么舍得去睡。

美文赏析

　　是夜静得太美，还是因为心静，所以夜才变得太美？这是一个值得思索的问题。作者把自己在夜里的所思所想用如诗如画的语言表达出来，导引着读者一起沉浸到种种美景里，这份语言功底十分了不起。

东篱黄菊和酒栽

西风

　　赤日炎炎，逃进深山。干净清冷的空气，曲曲折折的山岭，疏疏落落几户人家，住几孔砖砌灰抹的窑洞。大锅贴饼子，柴烟袅袅地香。

　　我出身农村，老家还有二亩薄田。我早打算好了，等我跟先生都老了，城市生活也过够了，就解甲归田。三间清凉瓦屋，一个农家小院，院前一棵钻天杨，院后一块小菜地。五爪朝天的红辣椒，细长袅娜的丝瓜，丝瓜旺盛的时候，大家抢着往绳上缠，一捆一捆的黄花。长豆角在架上爬呀爬。

　　清早起来，掐两根丝瓜，一把红辣椒，在大锅里用铲"唑啦唑啦"地炒。或者到菜园子里拔两棵嫩白菜，旺火，重油，三五分钟出锅，香喷喷一碗菜就上桌了。再拔两根羊角葱，在砧板上噔噔地斩碎，香油细盐调味。煮一锅新米粥，上面结一层鲜皮。转圈贴一锅饼子。放下小饭桌，二人对坐，一边吃饭，一边回忆一些陈芝麻烂谷子的旧事。那时候想必我的姑娘已经成家立业，一到过年过节，就会带着她的娃娃来看我们二老。小娃娃进门就一边叫"姥姥"，一边蹒跚着小短腿往前跑，我抱起来亲一下，再亲一下。

　　春天里薄幕清寒，五更时落几点微雨。这样天气不宜出门。现成的青蒜嫩韭炒鸡蛋，一小壶酒，老两口慢条斯理对酌。眼看着门外青草一丝丝漫向天边，比雪地荒凉。

　　夏天嘛，很豪华，很盛大的。远田近树，绿雾一样的叶子把全村都笼罩了。蛋圆的小叶子是槐树，巴掌大的叶子是杨树，还有丝丝垂柳。向日葵开黄花，玉米怀里抱着娃娃，娃娃戴着红缨帽，齐刷刷站立。

搬把凉椅,坐在树下,仰头看叶隙里星星点点的蓝天。一群群的白云像虎,像猫,像大老鹰。一片片的草绵延着往外伸展,有的脑袋上顶一朵大花,像戴一顶草帽,摇摇晃晃,怪累的。蜜蜂这东西薄翼细腰,大复眼,花格肚子,六足沾满金黄的花粉。

然后秋天就来了,玉米也该收了,高粱红通通的,天蓝得像水,风渐渐变凉,使人忧伤。夜夜有如德富芦花的诗:"日暮,水白,两岸昏黑;铃虫、松虫、蟋蟀,夹河齐鸣。……时有鲻鱼高跳,画出银白水纹。"

冬天到处一片白,干净,利索,一场厚雪下来,枯草埋住了,路旁的粪堆埋住了,一切的一切都堆成浑圆的馒馒。走出家门,一无遮拦,一马平川的白色。

农村不是天堂,自古及今,它的象征意义都是多面的,既安闲隐逸,又辛苦寡薄。可是,人类从土地中诞生,成长,无论怎样显赫尊贵,抑或困窘贫寒,都有一种回归土地的本能的欲望。我是幸运的,将来有这么一个可意的栖身之所。其实,对于辛苦的现代人来说,哪怕没有丘山,没有田园,只要心在,梦在,一样可以东篱黄菊和酒栽。

美文赏析

本文标题起得极美,把在乡村过将来生活的日子也想象得极美,春、夏、秋、冬四季鲜明,各有各的妙处,使人心动,使人做梦。现代人生活辛苦,未必有丘山田园可以安放自己的田园梦。但是,笔调一扬,没有也不要紧,梦在就一切都在。语言清丽,读之令人入迷。

一树啼

张鹂

乡村多鸟啼。冬日树头结满小麻雀，叽叽喳喳，像刚放学的小孩。

一受惊动，呼啦啦飞起，树就秃了；转眼又飞回来，继续喳喳喳、吱吱吱，无一刻停息。知道它们哪里吃米，不晓得它们哪里喝水。

头顶飞过两只鸽子，阳光下翅膀成了银子打的，亮闪闪的。一只兀那飞，一只兀自追。那只飞的落在人家屋瓦上，那只追的也落下去，挨着人家排排站。人家往左边挪一挪，它也往左边挪一挪。人家再挪，它又再挪一挪。

前天出外办事，偶然抬头，深冬木叶尽脱，大杨树的枝子密密纠集，干枝上栖着三只鸟儿。其中一只离另外两只远远的，静静抓着树枝，不动，亦不叫。另两只则在打情骂俏。一只小脑袋瓜儿歪歪蹭蹭另一只的小脑袋瓜儿，另一只不理；再接再厉再蹭蹭，另一只往旁边移一移。这只小爪子抓着细树枝也往它旁边移一移，肩膀挨住肩膀，另一只还是不理；这一只再接再厉再蹭再挨，另一只再往旁边移一移。看得我一阵焦急，哎呀，你要不要这么矜持嘛！

前天见五只鸽子，唰啦啦打着旋儿地飞，落在人家屋顶上，歇一歇，商量好似的再次冲天飞起。结果一只走神了，恍神一两秒才反应过来，立马拍拍翅膀追。那四只绕得远，它切一条直线飞过去，居然追上了。结果那四只像开玩笑似的，立马折了一个角度，又把它落远了。它拍翅膀那个猛追呀，冬天人家囤里晾晒着无数的干玉米，它们吃得饱，长得肥，大身子小翅膀，忽闪忽闪紧忽闪，它终于追了上去。超过一个同伴、两个同伴、三个同伴,最后,它成了第二名,骄傲地跟着第一名飞远了。

为什么看到这些,因为我很闲。买菜、做饭、洗衣、读书、写字、过日子,人不闲,可是我的心很闲。

在乡村,看得见麦田里落雪,听得到风吹木叶,城市里楼越盖越高,人越聚越多;村庄里房子越来越疲敝,屋瓦上冬草飘摇,人越来越少。所以才会有这么多的树,树树都有满满的鸟儿啼。

日后乡村怕是鸟儿虫儿羊儿蝈蝈儿的世界,还有我一个不求进取的闲人。

《红楼梦》里,香菱学诗,说自己喜欢陆游的"重帘不卷留香久,古砚微凹聚墨多",黛玉说你不能学这个,你要学王维、杜甫、李白和陶渊明的。

为什么呢?据钱穆分析,这是因为这两句诗只是字面上的堆砌,而背后没有人。或者说,没有一个真正和这些景致融为一体的人:"这个人,在书房里烧了一炉香,帘子不挂起来,香就不出去了。他在那里写字,或作诗。有很好的砚台,磨了墨,还没用。则是此诗背后原是有一人,但这人却教什么人来当都可,因此人并不见有特殊的意境与特殊的情趣。无意境,无情趣,也只是一俗人。"

倒是王维的诗,"雨中山果落,灯下草虫鸣",深山小屋坐一人,他倾耳听着雨中山果落,灯下草虫鸣。外边的景致是活的,他的心也是活的,他在倾听,他或许觉到安谧,或许觉到悲凉。因了他的心思活动,外边的原本无知无觉的死景,也便是活的了。雨没有白下,山果没有白落,灯没有白点,草虫没有白鸣叫。

数日前落雪,去城里开会办事。会也开了,事也办了,挺好的雪,落在挺好的、干干净净的城市里,可是,我却忘了有雪。强着提醒自己放眼去看,可是一忽儿神思又飞得很远,缠在要办的事、要说的话、要见的人上。雪白落了。至于鸟儿,飞过鸣过吗?如果飞过鸣过,那么,它也白鸣白飞了。因为我是那个"重帘不卷、古砚微凹",视而不见、听而不闻的俗人了。

红了樱桃，绿了芭蕉

可是，人生本为稻粱谋，谁又不是俗人呢？只有王维那样不愁衣食的人，才不思虑这些事。可是，毕竟是教花白开，教雪白落，教鸟儿白啼，教青天白白地青了。天地间一番好功夫，全浪费。

所以杜甫值得感佩，日子那么难过，他也看得见"黄四娘家花满蹊，千朵万朵压枝低"；曹雪芹也值得感佩，家境那么破落，他还看得见"花谢花飞飞满天"，看得见"岂是绣绒残吐？卷起半帘香雾"。老天爷给人一颗心，是可以让人把心分成两半儿使。一半儿谋衣食去，一半儿不妨腾出来，盛装世间好景色，一丝一朵，一点一滴。

美文赏析

作者笔下的鸟和鸽子如此有趣，情节生动，显然作者怀着盎然的兴趣对它们做了一番详细的观察了解。之所以能够有这样的闲情逸致，并不是因为作者无所事事，而是作者能够把一颗心分成两半，一半做事，一半欣赏美景，这样就不至于活得太焦灼。我们也要学习这种生活态度。

叶鸟鱼枝

凉月满天

前几天下了两场雪。也不是林冲上梁山时节,那般纷纷扬扬往下卷,也不似撒盐,也不似柳絮因风飞舞,也不似燕山雪花大如席。倒像是谁家的棉花被耐心地撕得细细匀匀,又被风吹得打滚翻身,狼狈地往下跌。

哪晓得两天过后,就积得尺来深了!

早起朋友送我去火车站,出门就被惊吓:满树的雾凇啊,满草的雾凇,满房子满地满天空的雾凇。路面每一寸又都被雪积盖满,哪里都白得不似人间。

行到半路,停车揪着雪草跳下路旁的深沟。沟里种着白杨树,日阳已出,仰头只见湛蓝的天空映着银白的树头,一阵风擦着鼻头微微地吹过,就有一小片一小片的雪往下飘飘扬扬地落。朋友使坏,一脚踏在树身上,细雪如银沙,哗哗啦啦地洒下。

沟那边是一大片果树园。满地的白雪未经人的踩踏,尚且是小动物的天下。一棵树被绕着圈踩上了五瓣梅花,不晓得是哪个干的。顺着脚印研究半天,却只见来路,未见去路,它是只鸟,长翅膀飞了吗?可是哪只鸟长这样胖墩墩的小爪?

果树的枝子又是另一番模样,蟠屈翻卷,往这里伸一下,往那里伸一下,冲这个捣一拳,冲那个捣一拳,很嚣张。

读过许多树的诗,"绿树村边合,青山郭外斜""庭中有奇树,绿叶发华滋""碧玉妆成一树高,万条垂下绿丝绦""泉眼无声惜细流,树阴照水爱晴柔",都是生发着碧叶的树。叶子是枝子穿的衣裳,光看衣裳,就忘了被包裹的枝子长什么模样。银杏叶如小扇，银杏的枝子什么模样？杨树叶如手掌，杨树的枝子什么模样？去大连博物馆，那里的松针一蓬蓬一丛丛，像西方贵妇用鲸鱼骨撑起来的裙撑，里头的枝子什么模样？

冬日万叶凋敝，枝子显露，若非雾凇层层濡染得好看，怕是谁也没兴趣把树枝多看上几眼。可是放眼远望，看的还是雾凇啊，哪怕是一种临时拉扯来的盛大繁华，好看的东西谁不爱看？

山枯水瘦，终不如碧水青山教人心暖。

数日后从异地回返，满地雪已化尽，雾凇也没了，土地裸露出苍黄，草与叶也都凋落殆尽，唯余草骨与枯枝。

原来落尽了叶子的杨树是这个样子的，一根根树枝既不攒三，亦不聚五，只在各自的位置上，用细细的枝尖沉默地指向天空，整棵树看起来像一个五指指尖向着天空并拢的手掌，很符合"分形几何学"的论点。所谓的"分形几何学"，好比说随便找一棵树，仔细看一下它的哪一个枝枝杈杈，就会发现它和整棵树很像，甚至分杈的比例和位置也跟树本身的分杈的比例和位置一样。那分杈的分杈的分杈呢？还是那样。叶梗和叶脉呢？还是那样……无穷无尽的自我仿象。这种理论怕是只能在碧叶凋尽的时候才能水落石出罢，否则树披着一身繁华，眼睛怎么能看得清？

就在这时，竟见一片杨树林，可煞奇怪，每棵树有那么多细枝子，竟都有那么一两根枝子上，每枝顶一片叶子。真的只一片叶子，却零零落落地在寒风里抱着枝头摇摇摆摆，像一只只小鸟，伶仃的细脚踩着细细的枯枝，唱着人耳听不到的细细碎碎的歌子。而这一丛丛的枝子，又抱紧了树的身子，像是一具完整的鱼的骨架，直直地竖向天空。

叶鸟鱼枝，天下竟有这般奇妙的景致。风一大就看不见了，因为叶子全被吹落了；雪一大就看不见了，因为眼睛只肯看见白雪；春日看不见，因为所有叶子都冒了出来抢戏；夏日看不见，因为叶子把树头裹得严严实实，里三层外三层盛妆严饰；秋日看不见，因为虽然北风吹，叶子们还是拼了命地紧抱树枝。冬日也不是时时刻刻看得见，因为人心多忧乱，看见也是看不见。屋里看不见，楼厦纷立的所在看不见，唯有在这北方寥落阔大的田野，且这一时心是静的，天地万物皆静，风声也静，它便肯教人看见了。

一霎一时也成了一生一世。

美文赏析

北方的冬天，山寒水瘦，树叶掉落，只余枯枝，这本来是常见的景致，但是在作者笔下却被发掘了出来，写得充满了哲理和诗意。由此可见，生活中的确不缺少美，只是缺少发现美的眼睛和把美写下来的心志。本文的语言摇曳生姿，表达的哲理清明深邃。

第四辑
黄河之水天上来

古战道像大树的根一样,扎进历史深处。我们走在黑暗的古战道里,就是行走在逶迤蜿蜒的树根中,一个民族具有如此发达的根系,坚忍不拔的个性,肯定能够抵御干旱、洪水和大风,能够战胜任何困难和敌人,创造出更加璀璨的文明。未来将再次证明,雄州之雄,绝非浪得虚名。

再过周庄

丁彦兵

又是初冬季节,周庄依旧那么安然静谧地停泊在水上。那一座座精巧别致的石桥,那一间间傍河而居的古屋,那一条条穿街而过的河浜,还有那慢慢悠悠摇桨过来的小船以及船娘和着桨声的莺转歌唱,一切都是那么的熟悉,而又那么陌生得富有新意。

唯有不同的是,一路相伴行来的江南细雨,在我们进入周庄后渐渐地猛烈起来,打在周庄的屋顶、树梢、船篷、水面上,哗哗地响着,给周庄增添了一道澄澈的旋律,也增添了一抹如烟如雾的诗意。

烟雨之中的周庄,更像是一团谜,就像在周庄古戏院听的那段评弹,只感觉曲调那么优美,却一句也没听明白。

双桥形似钥匙,陈逸飞把它写进了故乡的回忆。我还跨过了四角吊楼、富丽堂皇的富安桥,驻足于拱高石厚、踏实坚固的太平桥,遥望已经深深刻入经久传唱的儿歌中的外婆桥,以及河汊上几孔叫不上名字的大大小小的石桥。

周庄是水的世界,也是桥的世界。

这里有以"轿从前门进,船自家中过"而闻名的张厅,虽不高敞,却有着玲珑空透的清秀,或许曾为西晋诗人张翰后裔所拥有。张翰由"莼鲈之思"就辞官返乡,可见周庄的吸引力何其大。这里有明代传奇人物沈万三的后人修建的"七进五门楼"的沈厅,古朴典雅,宅院幽深。楼屋堂柱上,一副对联引人注目:"甲万户起南浔迁周庄江南聚宝,称三秀居东坨客金陵浜东藏银。"短短二十六个字,概括了沈万三的传奇人生……周庄景致如谜，古屋老宅如谜，历史故事如谜，让人徒增敬仰，却不能参悟。

轻舟鼓荡，水动涟漪，如天上涌进着的云，经不停地穿越其间的雨丝串联，云水相接，水天一色，形成一道道水的风景。是啊，周庄是水的世界，水是周庄的生命所在。有了水，才有了承载周庄无数传奇故事的石拱桥；有了水，才有了邻河而居的古镇人家；有了水，才有了"江南第一水乡"的钟灵才气。连绵不断的河浜，加上这烟云雨丝的裹绕，让水样的周庄更加充满清幽空寂的气息。

我只是周庄的匆匆过客，不经意的一瞥，却让我的心为之一振。只见一处低矮破旧的门洞里，坐着一位头戴蓝格方巾的阿婆，看上去有七八十岁，正神情专注地摘着箩筐里叫不出名字的青菜。她的身旁坐着一位老大爷，一边默默地抽着烟袋，一边全神贯注地凝视着阿婆。他们是那么的安闲自在，丝毫没有受到小街上或紧或慢的游人脚步声的影响。尘世的一切喧嚣和拥攘，在这里都化为乌有，归为平静的生活。数十年的沧桑在他们的脸上刻下了一道道深深的皱纹，但他们依旧悠然舒适地继续着生命的里程，没有任何的匆忙。我在不知不觉中感知到了什么，那么刻骨铭心，那么沉静如水，那么淡然如即开的云。

雨停了，云散了，蔚蓝的天空变得那么晶莹剔透，粉墙黛瓦的周庄变得那么安详谦和，一切的生命在这圣洁静穆的气氛中变得那么纯真快乐。我没有读懂周庄，却读懂了自己此时此刻的心。

美文赏析

作者为我们展现了一幅初冬季节的烟雨周庄美景图，文章采用排比、比喻等修辞手法，语言清丽而有韵味，读来特别生动形象，周庄的美景仿佛就展现于眼前。

云南的云

宁新路

车绕在山涧,云团绕在山顶。

在云南行走,云是美丽的陪伴。这里的云会飞翔到山涧,迎接赶路的客人。我怀疑世上所有漂亮的云,都是从云南出发的。云带给人的惊喜,让心久久激动。

云在天上,也在山涧。浓厚的云,从天上飞到山上,又从山头游到眼前。这样的云歇息在山道上,躺倒或者蛰伏在山道上,躺得满满当当。有时让我感到,或许云就想以这山为家,以这山路为床,拥抱这青翠欲滴的山峰,等待路过的客人。

山路细得如肠子。一边是山,一边是深渊。车子走不快,只能在云的拥抱里蠕动。纱巾、丝帕一般的白云,紧紧地贴着车子,拥抱着车子。抚过车窗的纱、丝,就在玻璃外,看得清清楚楚。

轻轻地打开车窗,云气立刻钻进了车中,钻进了人的呼吸。手伸出窗外,摸到了云的手、云的脸、云的身体。它们是丝,是纱,是帕,带着一种特有的情感,那是凉爽,凉爽得直入心脾。云是被风推进来的,带着寒,带着露,顿时让人感到清凉。

去金平,出金平,在山道上,白云常随。被云包裹了几小时,绕过数十道弯路,忽然眼前出现一片灿烂,从茫茫云朵里转过目光,才发现山下是白云漫步、阳光照耀下的城市。从山上看那云,好像是在蓝天里画上的,是童话里的那种会说话的云朵。这云好似来观看金平县城的美丽,也像是为这山城装饰添美。这是从金平山上走下来的云,也是开满鲜花的金平大地上生出来的云。

到了腾冲，仰望碧蓝如洗的天空，会看到那儿的云仿佛是被固定在空中的物件，又像是挂上去的棉花团，牢牢地挂在空中，一动不动。凝望许久，眼睛看酸了，仍然丝毫不动，让人怀疑它是不是睡着了。那白云洁净得没有任何杂质。望久了，看长了，就会以为那朵朵云团，是长在天空里的白色的树，或者是盛开在天空里的硕大雪莲。

让我惊喜的，是近距离观云。那是在腾冲的天空，透过飞机舷窗，满眼是山峰般大的云朵。飞机在云团上面掠过，惊醒了午休的云朵，它们轻轻地翻了翻身，又不动了，它们在享受这灿烂阳光和美妙惬意。

直到傍晚，我无数次回头眺望那被飞机打扰过的云朵，它们仍在那片天空上挂着，久久而深情地，看着蓝天，凝望着大地。

阳光从云端洒落下来，澜沧群山峻岭间隐约再现如大海的万顷波涛，随着霞光的强烈抛洒，那波涛越发厚重而有力，向山谷滚滚而驰，浩浩荡荡，雄壮苍劲。一时误以为眼下是大海，可定神才明白，原来是云海。

云与朝阳与夕阳有种特殊的情感。朝阳与夕阳往往因为云而生动，因为云而丰富。云南的云，最生动美丽的时刻，或许就在日出和日落的时候。不管是变幻的云，还是沉默的云，不管是漫游的云，还是飞奔的云，它们好像都很喜欢朝阳与夕阳。只有在这个时候，才能把它们的美，表达、绽放、挥洒得淋漓尽致。

多少个清晨和傍晚，从东方刚刚露出一抹淡红时起，云就开始浓妆艳抹了，也开始起舞、作画了。这个时候，人们向它投去喜悦的目光。晨光与夕阳里的云南，因云而变得更加唯美多彩。

清晨，推开窗户，行走在大地上，许多次被清晨的云霞和夕阳里的落霞感动。这云霞，太美了，美得让人舍不得离开它。

美文赏析

本文以游踪为线索,写云南的云。车上观云、飞机上观云,近距离观云、远距离观云,层叠有致,描写有序,把云南的云的丰厚、洁净、多情、美丽描写得淋漓尽致。语言平实而生动,能够唤起人的想象,在想象里和作者一起体味云南的云的美妙。

灶台前唱歌的男人

闫荣霞

  细雨霏霏，天色已晚，看饱了周庄的水和桥，荷叶和睡莲，无意间溜达进一家河边客栈。进门晃了一眼，恍惚见一堵白底黑色花纹的板壁耸在面前，心中纳闷：果然跨江别是一乡风，此地难道都要有这么高一堵半截墙戳在客堂当间？

  相较于此，我还是更关注里面的楼梯和天井，还有白墙围起的一个角落里的"添景"：一丛瘦竹衬白粉墙壁，细雨打在上面，青翠泠泠。然后就听见一个女友在外面欣喜地叫：快来！

  我回去看，一个男人站在那堵板壁旁边，纤长的手指正指指划划，引我们来看：高高的半截描花影壁一样的东西，赫然竟是隔开灶口与火口的那半堵墙，火口藏于内，灶台冲于外，就像两个搭档唱二人转——藏在椅子背后的人负责喷话，脸露在舞台上的人负责做动作。灶台上有锅，不是一个，是四个！左右并列两个大哥，一口烧菜，一口做饭；脑门上顶个小弟，热洗脸水的；下巴上吊个小妹妹，热洗碗水的。一顿饭下来，啥啥都全了。

  可是墙又不像墙，倒像博古架子，下边一手阔的沿边花纹是缠枝莲，往上左一格是古瓶兰草花，右一格是岩边一枝梅，大一些的格子上画的是仙鹤一对，一只曲颈啄羽，一只引吭向天，细长的胫脚边是荷花荷叶，天上是蝌蚪一样的云。架顶居然还有遮沿，绘万字不到头的纹样，架上又摆两只白瓷壶瓶，冲天的博古气；转眼一看，我又乐了，右手居然挂一只竹篾编的笼篦，十分鲜明地突出了它的主题。

这个男人正兴致高昂地演示锅沿上挂着的一块四四方方的木板，可以随手移动，人左它左，人右它右："知道这是什么吗？"

我们摇头。

"这个。"他一边做挥铲炒菜的动作，一边衣角不可避免碰到灶沿，这块板便将衣服和灶台隔了开来，我明白了：它跟我娘身上围的毛蓝布围裙一个道理。木围裙，真聪明。

身旁有客栈中人走过，兴奋撺掇："让他唱歌，让他唱歌。"

没想到这个人嗝儿都不打一个，往灶台前一站，架势一拿，宛如置身舞台，下面是亿万观众，兴奋之余，还自带报幕的："毛主席曾经作过一首词《卜算子·咏梅》：'风雨送春归，飞雪迎春到。已是悬崖百丈冰，犹有花枝俏。俏也不争春，只把春来报。待到山花烂漫时，她在丛中笑。'下面，我就给大家唱一首《红梅》！"细雨蒙蒙，两岸挂满的红灯笼倒映在水中，一路逶迤，宛似通往一个不可知的神秘梦境。

我观此人，面目清瘦，语言活泼，脸颊两酡可疑的嫩红：喝高了。兴致一来，他拉我们参观他的卧室，是客栈里一间贵宾房，月洞垂花门，檐前雕花，红绫结户，好一幅精致的床帐。我们要给他照相，他还拿出一个道具——一把明黄泥金的折扇，扇面是牡丹花样，哗啦展开，身前一挡，眼风一飞，问："怎么样？"

我心里一动。按罢快门，我问："老师是不是唱戏的？"

他哈哈一笑："看出来啦？我是唱戏的，京剧也唱，昆曲也唱，昆乱不挡。主唱小生。"

果然。"那，"我得寸进尺，"您给我们反串一个呗，旦角，"我点菜，"梅派《贵妃醉酒》：'海岛冰轮初转腾'。"

"好啊。"

他的举动轻巧、阴柔："海岛冰轮初转腾，见玉兔，玉兔又早东升……"身段柔美，眼神勾魂，手捏兰花指，不穿水袖也似穿着水袖，不戴凤冠又似戴着凤冠，霞帔在身，两旁宫娥相伴，舞姿姗姗，"好一似嫦娥下九重，啊，好一似嫦娥下九重。"

这个灶台前唱歌的男人，已经 62 岁了，明明光芒已敛，夕照西沉，可是应声而起，顿足便唱，衬着灰瓦白墙，碧伞红灯，青板石桥，丝柳垂流水，恍然是春天里漠漠水田飞白鹭，大漠中又有长河落日圆。

别致的灶台，别致的歌声，别致的男人，别致的水乡花叶人情，好比《长生殿》里一场随兴小宴：只几味脆生生，蔬和果，清肴馔，雅称你仙肌玉骨美人餐，成全你小饮对眉山……

美文赏析

本文写偶然邂逅的一个男人在灶台前唱歌唱戏，灶台也别致，歌声也别致，男人也别致。作者用如梦如幻、如诗如画的语言描述了一个江南水乡的截图，有声，有影，有光，有色，真美。生活中不缺少美，我们平时要睁大眼睛，多听，多看，多记。

冬日衡水湖

默默

冬日的衡水湖，周遭杨柳低垂，霜凋夏绿，不复繁盛景象。阳光在毛玻璃一样的冰面上投下一柱毛茸茸的光晕。

水边的芦苇萧萧瑟瑟的一大片，风一吹窸窣有声，细秆顶着旗样的穗头，随风摇摇摆，摆摆摇，高兴也似不高兴。

经芦苇点缀的景色，怎么都像上品的画作：疏淡的笔墨画出灰白的冰，曲曲折折的湖岸，湖边的乱石，一只孤零零的舟，都被掩映。

芦苇也不总是疏淡的，唐代诗人王贞白有《芦苇》诗，倒是把它写得热闹："高士想江湖，湖闲庭植芦。清风时有至，绿竹兴何殊。嫩喜日光薄，疏忧雨点粗。惊蛙跳得过，斗雀裊如无……"。只是热闹里有风有雨，却不见人影，又热闹给谁看呢。

又有白居易的"苦竹林边芦苇丛，停舟一望思无穷。青苔扑地连春雨，白浪掀天尽日风"，春天的芦苇，风大雨大，气势惊人，如同贝多芬的《命运》。

贾岛的"芦苇声兼雨，芰荷香绕灯"，这个，想必是夏季的芦苇了。荷花盛开，把一豆孤灯淹没在浩荡的香气里面。雨打在芦苇上，沙沙的一派声响，那样的孤单也教人神往。

而郑谷的"杳杳渔舟破暝烟，疏疏芦苇旧江天。那堪流落逢摇落，可得潸然是偶然"，显见得是秋天了，芦苇疏淡江天暗，一林黄叶送残蝉。

如今芦苇已经结穗，芦苇丛伸出一只一只的水烛，就是蒲棒，像棒槌一样，周身裹着紧匝匝的棕衣，用手轻轻一捏，就"噗"地爆开，草籽像羽毛一样,轻轻扬扬地飘出来,禁不得一丝风吹,就要想办法瞒天过海。每粒微小的种,都做着一个浩大的春天的梦。

阳光也打在芦苇上,也打在柳枝柳骨上,冰面上竟然零星还冻着些芰荷的梗。这一冰滩的荷梗,弯折成奇怪的形状,各自静默,谁知道在怀念些什么。就像那蒲芦上的一粒种,不晓得它乘着风去了哪里?到过什么地方?可曾生根发芽,也长成一枝芦苇?抑或是粘在我的衣服上,跟我回了家?我的家乡无水啊,你可要怎么生长?

水边冻着一只一只的船,互不依傍,就那么给扔在那里,无人管。"野渡无人舟自横",谁说只是一只船?不过就算船再多,也都是各自在那里寂寞地横着,渡着各自的荒寒。

倒是在一个浅湾头见两只小船,外面刷成鸭蛋青的颜色,内里却是鸡蛋黄的黄,头靠头偎在一处。远处的冰与天迷蒙在了一处,半水中间露出一带浅色的芦苇的影子,好似蜃楼的不真实。它们,好像一对新婚不久的夫妻,一任寒风吹彻,心暖如春日。

这儿的人家就是这样好,守着一洼洼的水塘过生活。

一只水洼中间的冰晕化开了一小片,白墙、灰的房顶、树梢,都映在小小的镜面里面。一户人家就守着湖住,院里散堆些小推车、水盆、秸秆,四只狗伴着两只小黄牛犊做了主人。一只牛犊迈着蹄子去水池边喝水,另一只也挨挨擦擦地跟上去。一只黑狗煞有介事冲我叫,个头最小的那只随声附和,也装出一副了不起的模样;两只狗就站在水岸看我——我是好人啊,我不偷你们的牛犊子。

还有一洼水,狭长的一条,已近干涸,一只船就那么扔在浅水的中央,陪伴它的只有夕阳西下。

听见鸣叫,抬头是大雁南飞,那么多大雁,"昂昂"地叫着,顶着长风万里,哗哗地扇动翅膀,一心要飞到温暖的南方。雁心如人心,禁不得长久的荒凉。倒是柳枝上栖着的喜鹊,"喳喳"叫得高兴,个子大大的,偶尔倏地飞起,展开翅子,展览它的黑尾花背。还有一种鸟,落在树头比一片团起来的干柳叶大不了多少,不晓得叫什么,也跳上跳下地凑热闹。

红了樱桃，绿了芭蕉

冬日的衡水湖，不荒凉呢。

阳光甚好，无风，不舍得离开。

美文赏析　　作者运用优美的笔触向大家展示了一幅冬日里衡水湖美不胜收的风景：芦苇、小船、水边人家、大雁、飞鸟。有详有细，而且引用了古诗，拓宽了文章的意境。阅读时，读者可以幻想自己身临其境，发现其中的美。

坝上月

张庆和

既然有人把灵魂视为一座建筑，我便有理由认定：这坝上月就是建筑它的材料。

今晚的月亮是和夜色同时闯入坝上的。

月轮满载着惊异，满载着慰藉，从东山坡顺势奔来。那气势，浩荡荡不可阻拦；那声响，轰隆隆惊天动地。我谛听这天籁般的呐喊。我敢说，凡在坝上目睹了此初升之月者，很难再找到不被震撼和不被惊诧的灵魂了。

月亮是一位不知疲倦的登攀者，她没有因为对它的种种赞美和感叹而沾沾自喜，止步不前。月亮继续上升，以她银色的光芒涂抹坝上之万物、装饰物中之灵魂。

月光如潮。月光是被一道堤坝囚居在草原上的。坝上的月光浩浩渺渺。沐一场月光浴吧。清纯的月光水能涤去污浊，幽谧的月光水能洗去烦忧。最好把浮躁的心也掏出来泡泡，让它袒露原色，让它在本来的位置上蓬勃跳动，跳动成一曲和谐、优美的旋律。

月亮如饵，诱惑了千般心情；月光如丝，柔柔地织成了一张巨网，我的心被这网捕捞住了。

我向月祈祷，我向月倾诉。

月如鼓，振聋发聩；月如号，邀群呼众；月如花，芬芳四溢；月如醇，令人陶醉……

这才是李白、苏轼为之豪饮，为之狂舞，为之放歌的月亮呀！这才是千百年来远避于坝上草原，默默地明亮、悄悄地照耀、不闻不问坝外那夜

红了樱桃，绿了芭蕉

的辉煌和灿烂的月亮呀！

好一部生动的童话剧，好一支美妙的梦幻曲，好一首缥缈而空灵的诗……一切的创造和意境，都在这里孕育并诞生。

月，这坝上草原之夜的主宰者，这夜色里的精灵鸟。

凄清不属于你，孤寂不属于你。你才是那片柔抚万物、光顾众生、可饮可餐、"梦里寻她千百度"的秀色啊！

坝上月不断上升，她已经站在了生命的制高点上。尽管偶尔有几缕云丝羁绊，她很快就挣脱了。即使有积云冲撞裹挟，也不能动摇和遮掩她慷慨赐予的万缕辉光。

这时的坝上月，晶莹如珠玉，明亮似宝镜，人世间的所有一切仿佛都在她的窥察之中。仰望此时的月，一种用纯洁修饰自己的向往油然而生，禁不住要认真地盘点自己一番：看走过的途径有几多曲折，数身后的脚印是否端正，望前方的陌路该如何选择。

选择是必然的，因为有坝上月的照耀和引导。

我相信月，相信这坝上的月；我寄希望于月，寄希望于这坝上的月。我相信自己会走向一片莹洁与美好。因为，坝上月已经高高地悬挂在我生命的天空，永不陨落。

美文赏析

作者以坝上月是建筑灵魂的材料开篇，开门见山；以坝上月带给赏月人灵魂的震撼和陶醉为主线，脉络清晰；以坝上月对自己的照耀和指引结篇，首尾呼应。全文看似松散不整，实际上作者在行文时采用双线并进，即赏月时感情的变化和月亮上升的变化过程。读了对坝上月的细腻描写，有一种诗情画意的美好享受。

佗城不是城

张庆和

佗城不是城，是一个镇。不过，2200多年前的这地儿，还真是个城，是龙川县的县城。这县城是秦始皇下旨设立的，它的首任县长就是后来当了南越王的赵佗。

赵佗少年得志，雄姿英发，文韬武略，19岁就成为50万平南大军的副统帅。赵佗胸怀"仁政爱民"的政治理想，挟着秦国的文明，一当上县长，就立志改革开放。引进铁制的生产工具，传播先进的秦国文化，帮助越人摒弃原始、落后的生产方式和生存状态，实施"和辑百越""汉越一家"的民族融合政策。短短6年时间，就把龙川县治理得井然有序，上下和谐，百姓安居乐业，生产水平和生活质量都有了很大提高。

人们拥戴和感激这位给越人创造福祉的人，为他建祠，为他塑像，为他立传，直至把龙川县的旧城叫成了"佗城"为知足。而有着900多年历史的南越王庙，堪称赵佗在人们心中耸立的符号。

走在佗城的大街小巷，仿佛穿行在历史丛林深处，脚下的每一块砖石都能发出古老的回音，身边的每一个物件都会讲述昨天的故事。

苏堤是佗城的一大胜景，建于宋代。当初，大文学家苏辙被贬官来到这里后，看到当时嶅湖旱涝无常，村民田园年不保收，生活艰苦，于是，苏辙就倡议村民筑堤堵水灌田，从此年年旱涝保收。后人为纪念他，便称此堤为苏堤。

其实，如果故事仅仅于此，确也没什么太打动人之处。而偏偏是苏堤对面一座小亭子里的两副对联，令人对它不得不产生兴趣。

其一：此地亦良佳，勿太忙，且暂时休息；前途应尚远，莫多恋，但少顷便行。

其二：为名忙为利忙忙里偷闲且在凉亭坐坐；劳心苦劳力苦苦中寻乐卿将往事谈谈。

对联像是说书人的开场白，也有劝人宽心舒畅之意，且充满哲理，令人回味。

距南越王旧居不远处有一口井，叫越王井。此井有 2200 多年的资历，它滋润过南越王的口唇，也流经过普通百姓的肠胃，至今仍清澈甘洌，从未干涸。南越王活了 101 岁，据说就是因为喝了这井里的水。

南越王的长寿究竟是否因了这井水的缘故，不得而知。但佗城如今长寿的老人多，却是事实。据当地人介绍，仅 2000 多人的佗城村里，95 岁以上老人就有 98 人，100 岁以上老人也有 3 人。按照天人合一的自然法则，应该说，这些老人的长寿与饮用的水和食用的粮不无关系。

行走在佗城，俯视身边流水清澈，眺望远山树木葱郁，不由想到了人对大自然的依赖和对其保护的责任与义务。佗城人或许正是因了这里的青山绿水，再加上他们因袭了祖上底根旺、底色强、底气足、底蕴厚这些从远古奔来的源源不息的流韵的滋润，心灵洁净，身体康健，那一颗又一颗长寿星的光芒，自然要偏爱他们，照耀他们。

美文赏析

作者为我们介绍了佗城的历史，赞扬了赵佗对其发展做出的贡献。同时介绍了佗城胜景——苏堤和越王井的历史故事，让我们认识到了人与大自然相互依赖、共同发展的关系。本文语言轻快，自然流畅。

一日看尽洛阳花

习风

去洛阳,看牡丹。

来接车的司机在他的座椅旁斜插了一枝牡丹花,感觉很震撼,别处看不见。

把行李安置好,出客房,好奇研究摆放在走廊的一盆牡丹花。正在左看看右看看,一客人从旁经过,指点我:"勿看啦,假的哕。"我伸手摸摸:叶片是软的,花瓣是绒的,试着掐一下,把一小片叶子掐下来了。我拈给他看,宣布自己的发现:"呶,是真花。"

旁边保洁员经过,彬彬有礼地说:"我们酒店摆放的全部都是真花,这是我们这里最普通、最常见的洛阳红。"我看着它,绿蓬蓬的叶、紫红红的花、百层千层的瓣,这样的花,是最常见、最普通的吗?

及至到了国花园,才发现它是真的很普通啊。

偌大的、一眼望不到边的,红的花海、黄的花海、白的花海、橙的花海、绿的花海、蓝的花海、紫的花海。以前读话本,晓得牡丹里有魏紫,有姚黄,一心寻访,却是花深不知处。兜兜转转,扑鼻只闻牡丹香。叠瓣重楼的花居多,居然也有单瓣的,也敢把花瓣张得那么大。

爱那黄花,只是蕊处有黄,花片则远看有一抹晕黄,近看又若白缎。这样的黄含蓄、不嚣张;也爱那紫花,淡紫深紫的花片,娇黄如黄雏鸟喙一样的蕊;也爱那豆绿的花,花片淡绿,嫩蕊娇黄。

到此方知李白真国手,"一枝红艳露凝香"多贴切。"红艳",最俗的一个词,却无它无以形容牡丹的国色天姿。牡丹花地潮湿,虽是阳光热烈，却仍旧叶片及花片上露珠凝聚；且远远行来，一阵扑鼻甜香；"红"也有了，"艳"也有了，"露"也有了，"香"也有了，真的是"凝"上去的。我若是唐明皇，也要为贵妃心醉，为牡丹心折，果然名花倾国两相欢啊。

唐有王睿作《牡丹》诗："牡丹妖艳乱人心，一国如狂不惜金。曷若东园桃与李，果成无语自成阴。"他骂牡丹妖艳惑乱人心，招得举国如狂，其实牡丹只管漂亮自己的，又与世人何干，与人心何干。檐头旗动，既不是风动，也不是帆动，是人心自动，又与牡丹何干。

丰子恺自言不喜花，在旧书里见到"紫薇""红杏""芍药""牡丹"等美丽的名称，亲见却往往失望，因无非"少见而名贵些，实在也没有甚么特别可爱的地方"。我一向亦是如此，总觉得真花倒不如臆想来的花活色生香，偏偏这次看见满坑满谷的大牡丹，这样的花，的确是怎样的形容都不够，怎样的描摹都不能尽然——真花竟然漂亮得像假花一样。

以前看人家裙幅上绣的、壁上画的、绢纸扎的牡丹花，只觉庸脂俗粉一般的艳，想着世上怎么会真的有这样的花呢。及至真见，才发现真有，万花如绣，倒不如说万绣如花。

终于来到姚黄与魏紫的所在，却是姚黄如此，魏紫如此，不禁失望——花盘不大、花瓣不艳；植株亦少，东开一两朵，西开一两朵。可是很奇怪，周围朵朵牡丹朵大花鲜，游人如织争相探看，它们只是静静开在这个万花园里面，却愈看愈让人不敢轻慢。

因为它们开得静。胡兰成在《今生今世》开篇便说"桃花难画，因要画得它静"。顾恺之又说画手挥五弦易，画目送归鸿难，也因前者是动，后者是静。人亦如花花如人，心动易，静心难。

深山古寺斜阳，一僧独卧眠床，那种静不算真的静，若是所有美女都在争奇斗艳，描眉画鬓，施脂抹红，却有那么一位两位，朴衣素颜，静立在灯火阑珊处，仿似身边的繁华热闹统统与我无干，这样的静，才是真的。

这，大概就是姚黄、魏紫有资格称为花王、花后的原因。

午后去白马寺看牡丹，这个感觉越发得到印证。

白马寺里的牡丹也多，却是原生，不曾嫁接，安本固生，是以开得并不夸张。人潮汹涌，它们却自顾自地静静开，静静谢，树下一片凋谢的花片，厚厚一层。姚黄与魏紫在这里也开得更静、更舒展、更从容。紫罗兰和种种异色的郁金香，放在别处亮眼动心，在此处却只宜陪衬。

行程结束，心满意足，一日看尽了洛阳花。

美文赏析

作者出游洛阳观赏牡丹，因为领略了牡丹的万种风情，所以说"一日看尽洛阳花"。文中的牡丹花艳丽、醉人、可爱、脱俗，语言也像牡丹花一样，层层叠叠，繁复富贵。

古战道与水长城

孟醒石

在历代山水画家眼中,冀中平原,是太行山脉的留白,既无沟壑,又无块垒,放眼望去,一览无余,除了月亮和星空之外,没有神秘的东西,为之徒耗笔墨,有何意义?

可是,冀中平原有着密集的村庄和肥沃的农田,有几千万人在这里繁衍生息,不能被历史忘记。

1964年,人们打井时,钢管碰到了硬物,怎么也打不进去,挖开后发现大量古代青砖,以为挖到了古墓。文保人员赶到现场,拨开洞口钻进去,没有发现棺椁葬品,除了地道之外,还是地道,仿佛进入了一个巨大的地下迷宫。于是,人们恍然大悟,此前诸多神秘现象,都找到了答案。原来,这是一座古代的军事工程。

村民们想明白了,考古专家却陷入历史的迷宫中。专家们根据地道出土的青砖等文物来判断,这是宋辽年间修建的地下古战道,但遍查《宋史》《辽史》等书,发现正史均无明确记载。这是怎么回事?

专家估计有两种可能:一是该工程纯属国家机密,官方文件和史料有意回避;二是宋史由元人书写,元人也不知道有此工程。

这次考古发掘,无意中揭开了宋辽古战道的神秘面纱。随后,永清、霸州、文安也相继发掘出古战道遗迹。这些古战道若连在一起,长六七十公里,俨然是一座巨大的地下长城,能藏十万雄兵。那么,这座地下长城又是谁主导修建的呢?

北宋年间,冀中白洋淀一带,正是宋辽两国的边境所在。雄县西南有座"瓦桥关",是宋朝名将杨延昭镇守的三关之一。明嘉靖二十六年编撰的《霸州志》记载:"引马洞,为杨延昭所治,始自州城中,通雄县,每遇虏至,必以出师。"清光绪三十一年所编《雄县新志》载:"雄城中园通阁山门前一井,故老乡传霸州城内亦有井与此穴相通,宋初两城守将计军事遣使于穴中往返,外人不知也。"

而《宋史·何承矩传》载,沧州节度副使何承矩上疏,在顺安寨(今安新)的西面凿开易河蒲口,引水向东注入大海,利用白洋淀一带的沼泽,筑堤贮水作屯田,阻断辽军骑兵南下之路。在滩涂湖泊播种水稻,"收地利以实边,设险固以防塞,春夏课农,秋冬习武,休息民力,以助国经。如此数年,将见彼弱我强,彼劳我逸,此御边之要策也。"

宋太宗赵光义采纳了何承矩的建议,任命何承矩为制置河北缘边屯田使,主持此事。何承矩利用河沟水网,构建了一座耕战结合的"水长城"。至今白洋淀周边的村庄,多以"某某寨""某某营"为名,就是当年的屯兵之处。

淳化四年,何承矩被提升为雄州知州,辽军来犯,何承矩大败辽军。而雄县、霸州、永清一带的古战道,或许就是"水长城"的配套工程。

其实,白洋淀本身就是一座"水长城",白洋淀大堤是燕南长城遗址,而古战道又是一座地下长城。在这里,长城"三位一体",又浑然一体。

究竟是谁修建了地下古战道?杨延昭?何承矩?还是另有其人?专家们非常谨慎,而百姓们只认可一人,那就是杨延昭。因为杨延昭镇守边关二十多年,说古战道是他修建的,也极具合理性。更重要的是,杨家将的故事早已经被艺术化,通过评书戏曲的演绎和传播,满门忠烈,在人们心中扎下了根。

冀中平原无险可守,无山可依,传说中的杨家将总是用兵如神,有时杨家将从天而降,与辽军正面对峙,有时利用八阵图,从辽军的背后杀出,战胜辽军后,又迅速消失。宋辽古战道的发现,给这些民间传说找到了合理的解释。《孙子兵法》云:"兵者,诡道也。"很多人认为,杨家将就是凭借地下古战道传递消息、运送兵马、储存装备，出奇兵制胜的。

不要小看民间传说，它不仅仅是正史的补充，更是山水的倒影，是民心的镜像。饱经战争之苦的人民，需要英雄来拯救大家的灵魂。从古巴比伦《吉尔伽美什史诗》，到古希腊《荷马史诗》，到汉乐府《木兰辞》，再到《杨家将》《岳飞传》，乃至我国藏族的《格萨尔王传》，一个民族不能没有英雄，有英雄的民族才有朝气和血性，才能创造出具有生命力的文明。

外面烈日灼心，汗流浃背，钻进宋辽古战道，立刻感觉凉爽至脊髓，仿佛穿越到了刀光剑影的北宋。这让人不禁想起抗日战争时期以冉庄为代表的地道战。雄州古战道深藏于四五米深的地下，全部由青砖砌成，连绵六七十公里。而清苑县冉庄地道非常浅，全是土质，多是由各家各户的地窖串联而成，很少与外村相通。可以说，二者毫无关系，但又同出于冀中平原这片热土，同出于保定这方人民。

在残酷的战争面前，每个人的命运都像蚂蚁一样渺小。但当国家遇到危难时，当民族需要救亡时，他们立即变成"蚂蚁雄兵"，拧成一股绳，啃起了硬骨头，在地下默默地挖掘着，建起伟大而独特的国防工程。

雄州宋辽古战道结构复杂，有引马洞、藏兵洞、议事厅、料敌洞、迷魂洞等战斗功能，还有照明、通风、排水等设施。考古人员在古战道里发掘出一口釉质大水缸，除了盛水的功能外，还可将水缸倒扣在地上，检测敌情。士兵将耳朵紧贴缸底，可以听到远方千军万马奔腾而来的声音。

雄州古战道的名气，无法与八达岭明长城相比，是因为目前展示出的规模不够大。古战道处于地下，发掘清理的难度极高，还得搬迁上面的村庄、企业，工程量不亚于重新建一座长城。为了不扰民，只好长期搁置。但它作为世界上仅有的古代地下军事工程之一，其建筑形式是独一无二的，应该在历史占有一席之地。

我作为一个在冀中平原出生的人，重回雄州探访，就是一场寻根之旅。

古战道像大树的根一样,扎进历史深处。我们走在黑暗的古战道里,就是行走在逶迤蜿蜒的树根中,一个民族具有如此发达的根系,坚忍不拔的个性,肯定能够抵御干旱、洪水和大风,能够战胜任何困难和敌人,创造出更加璀璨的文明。未来将再次证明,雄州之雄,绝非浪得虚名。

美文赏析

本文写了冀中平原的两个景观:古战道和水长城。二者是古代人民为了抵御外侮而做的配套工程。作者倾尽大量笔墨记叙古战道和水长城的建造不易,由此表达人民坚忍不拔、保卫家园的决心。文章笔墨凝练沉实,读之如闷雷阵阵,令人热血激荡,心旌摇动。

心中的瀑布

远山

素来喜静,清晨寺庙里的醒板,夜晚竹林里的月色,静得星星不敢眨眼,静得虫鸟轻声呼吸,静得时间都停了下来,心灵便可栖息在无人问津的角落,安于一隅,有了归处。

然而有一种声音,越是响彻山谷,直入碧霄,听来越觉得心静,什么都无法侵扰的静,这是一挂瀑布的声响。"蝉噪林逾静,鸟鸣山更幽",便是此种意境。

贵州黄果树瀑布很美,美得惊心动魄。未等看到庐山真面目,便已有清凉的水雾袭身而来,抓挠着你裸露在外的皮肤毛孔,钻进毛囊一般,涌入通体的凉意。巨响灌耳,咄咄逼人,让你无处躲闪。远看像一幅绿水白瀑的山水画,待到走近,轰隆的响声中,反而如进入一处幽静的空间。

瀑水从天而泻,势不可当地扑入绿潭,霎时,潭水飞珠溅玉,腾起数十米白浪,直让人驻足凝望,沉醉其中。奔流的瀑水热烈地沉入碧潭之后,蜿蜒出一条清澈的溪涧,钻过古色古香的木桥,安然自若地流向远方。

仿佛是人的一生,初生牛犊不怕虎的青春年少,莽撞中饱含着气吞山河的勇敢,到沉着冷静、敢于担当的中年,再到坐看云卷云舒、流水端然的暮年。一代又一代人如生生不息的水流,向前奔涌。水雾扑面而来,涤净九丈俗世的尘埃,顿觉神清气爽,清风徐来。

如果说黄果树瀑布是一幅雅致端丽、洗尽凡尘的山水画,那么黄河壶口瀑布就是一座历经千年、饱经沧桑依然隽永挺拔的石刻。滔滔不绝的瀑布之水将坚硬的石壁雕刻成崖,黄色的水流如英雄的血脉,贲张沸腾。站在它面前，会感觉自己渺小如一粒水花，顷刻间便被它气贯长虹的强大气场所吞没，甚至一时哑然说不出话。

这分明是历代英雄的魂魄汇聚于此，否则怎会有如此万马奔腾、势如破竹的气势？他们在此仗剑执戟论英雄，奔涌的黄河之水，气吞山河如战鼓雷鸣，仿佛闻到腥风血雨，看到白刃相接，盖世群雄们慷慨激昂的战歌与汹涌的黄河水交织成一曲荡气回肠的交响乐，直奔日月，响彻云霄。

如今，虽然与它已久别经年，回味起来仍觉得驰魂夺魄。

还有一次是去长白山天池，走在一个空幽的原始森林里，沿着湿润润的木栈道蜿蜒前行，林间清新的空气沁人心脾，令人心旷神怡。两侧耸入云天的古树如一位位闲淡山野的隐士，任藤蔓缠绕着，苔藓附着着，它们依然如如不动，仰望着天高云淡。

行至森林深处，听闻震宇的瀑布声，待转过一个弯，不禁惊叹！眼前一挂挂瀑布从天而降一般，恍然是误入了仙境，雾气氤氲在瀑布之中，水花喷溅在我们身上。那一刹那，身如轻絮飘飘然，心中如释重负，被它们夺了魂儿一般，尘嚣涤去，尘劳荡尽。仿佛生命从此而生，没有昨天，也无虑明天，只有当下在轰轰的瀑声中，获得的极致宁静是真实的。

曾想在这群野瀑群边，择一处荒草地，盖一间茅屋，成日听闻瀑布弹奏的筝曲，高山流水知音都前来家中做客。我折一根松枝做蒲扇，煮一壶云水禅心慰流年，炉火燃燃，松香弥漫，邀明月星斗举杯共饮，诗酒对红颜。

朦胧间看到雨后傍晚的彩虹斜挂半空，如一座桥，桥上有披蓑戴笠的农夫扛着锄头走过，他的田地一定是在彩云之间，他饮露为茶，锄雨荷雾，耕耘出满天的逍遥自在。

这是在人流攒动的风景区里所没有的感觉，这份山野间的闲淡深入我心，由此在心中生长出一挂这样的野瀑。常常从喧嚣的红尘中暂时退居于此，将心中蒙上的尘埃洗刷一新，如重新获得了元气，再次步上烟火俗世的漫漫长路，便觉得多了一份淡然和从容。

红了樱桃，绿了芭蕉

美文赏析

　　作者通过对自己所见过的几处瀑布的描述，表达了自己对纯粹的大自然的向往，对远离人群的野瀑的喜爱，也表达了自己想要隐居山林野瀑边的志向。文笔生动而优美，空灵而细腻，让人读之如身临其境，引发了读者对大自然的美好向往。

卧听荒村风吹雨

诗雨

枯草，枯树，枯藤，荒山，荒石，荒村。

村里有人，有鸡，有狗。一个老头子，拎着两三个柴鸡蛋，亦步亦趋跟在一个蹒跚学步的小娃娃后边，胳膊像老母鸡一样乍开；两个人在推磨，青石板的大圆磨盘，曲里拐弯的木头磨杠，一前一后，推得咕隆咕隆响。磨上是黄黄的小米面，看得人眼馋。煮出粥来，热气腾腾，就一盘切成细丝的小咸菜，再用碧绿的香葱，炒一盘鲜黄嫩白的柴鸡蛋……远远传来一声鸡叫，同行的人猜是公鸡打鸣，我不以为然，哪有公鸡这样叫的："咯——咯——答！咯——咯——答！"分明是母鸡下蛋。

奇怪的是，小村里鸡叫狗不咬，偶尔一只大黑狗从身旁经过，特意停下来看看我们，眼神很柔和，像个心地纯良的老汉。

村里的建筑很奇怪，干打垒的房子，统统是大石块砌成，不沟泥，不溜缝。这里，那里，动不动就是一块碑，碑上动不动就是万历年间或者年代更远。村口一座更奇怪的东西，叫清凉阁，的确像个阁的模样，但却很粗糙，很庞大，大石小石堆叠而成。

大约四百年前，一个大力士发下宏愿，要在有生之年，采集大小石块，在村口建成一个标志性的建筑——就是这清凉阁。这个人白天是个生意人，到处奔忙，晚上回到家里开始赶工，花了十六年的时间，终于建成了两层。所用石块小者如拳，大者重逾万斤，没有人知道他是怎样把它们一层层堆叠而上。不幸的是在挂第二层清凉阁东门的风动碑的时候，不慎戳破手指，得了破伤风，"壮志未酬身先死，长使英雄泪满襟"。

红了樱桃，绿了芭蕉

这位壮士叫于喜春。

这里的山荒，树荒，人也荒，所过之处，十家倒有八家锁了门，门锁生锈，家人远徙。随手推开一家院门，典型的小小四合院，东西南北皆有房屋，正房里外两间，简陋干净，平平展展的花布炕单，七十八岁的老奶奶是唯一的女主人。无论我们用普通话怎么说，她都只是眯眯地笑，一边"嗯，嗯"——原来她听不懂普通话。儿女远扬，剩下她孤身一人，火炉上坐锅，锅里煮着银丝挂面，案板上有刀，散堆着红椒青蒜。

正月刚出，年味不远，家家门上还贴有大红春联，城里对联沾染了太多的欲望，比如升官，比如发财，生意兴隆通四海，财源茂盛达三江。这里的对联却很雅正，清新，形制也新鲜。家家是木门，都有一个小小的深门洞，木门凹在里边，门楣上倒贴两个福字，两个门扇上各有一条对联，组成一对，两边门框上又各有一条对联，又组成一对，一个小小的门上，就这样贴满了热闹和喜庆，但这种喜庆是静的。门上一联："芳草春回依旧绿　梅花时到自然红"，横批："春色宜人"。门框一联："月明松下房栊静　日照云中鸡犬喧"。听听，这是春暖花开，日落月升的声音，这是松风梅绽，鸡鸣犬吠的声音。这样的声音没有升官发财的欲望，没有人为的热闹喧腾，生活在这样的世界里，哪里还有宁静不下来的心灵。

小院里有石磨，石磨旁有辘轳，辘轳上有绳，绳上有桶，桶下有井，井里有水，清可鉴影。屋里有旧时人穿的三寸金莲，红紫金线，刺绣玲珑。一直不知道金莲三寸是什么样子，只知道很小很小，却原来是这样尖尖巧巧，足尖似针，可怜那样的时代，可怜那个时代里可怜的女人。屋里居然还有三十年前我的祖辈父母一直在用，现在已经难觅影踪的提梁壶，和我奶奶坐在院里纺线的纺车。一时有些眼花，仿佛看见一个头发花白的老人，盘腿坐在蒲团上，一手摇转车轮，一条胳膊伸得长长的，抻出一条细细白白的棉线，嗡——嗡——

一时有些眩晕，不知道身处何地，我是何人。明知道这是井陉县的于家石头村，传说明代于谦避难藏身于此，后人一直繁衍至今。此地有石屋千间，石街千米，石井千眼，全村六街七巷十八胡同，纵横交错，结解屈伸，每条街道均以乱石铺成。石头瓦房，石头窑洞，石头平房，依高就底，顺势而建，邻里相接，唇齿相依，呼应顾盼。点缀其间的有深宅大院，古庙楼阁，遍布全村的有花草树木，春绿夏艳。这些我都不管，只希望有一天，心愿了却，再无遗憾，到这样一个安安静静的小村庄，赁一处清清净净的四合院，敲冰烹茗，扫雪待客，无人时吟啸由我，心静处僵卧荒村，听风听雨过清明，到最后野草闲花中眠却，也算不枉了此生。

美文赏析

作者写井陉县于家石头村，扣住了一个"荒"字、一个"静"字。这个年代，年轻人外出打工，留下了一片荒败，却也留下了一村的清净雅致，作者着意刻画对联可见一斑。"小院里有石磨，石磨旁有辘轳，辘轳上有绳，绳上有桶，桶下有井，井里有水，清可鉴影"顶真用得妙不妙？恍惚间，纺车的"嗡嗡"声响起，以声衬静，静谧安然如水，浸润开来，直入人心底，令人向往之情顿生。

聆听承德的声音

安春华

正午，晴日，独自一人在承德的诗上庄溜达。

黑白条纹的蜻蜓、绿蓝色的蜻蜓、红脑袋的蜻蜓、翅膀淡黄色夹杂细黑纹的硕大的蝴蝶……穿村而过的小河不算特别清澈，因修建了多截堤坝，时有静水回湾，却因为这份静，孕育了众多小生物。也许是因为人工干预了河的流动，水声听起来也像一个妇人在浇园，均匀，节省。

庙宫的水声就完全不一样了。上庄的水是小溪，庙宫的水是大湖。轻风吹过，水声极小，窸窸窣窣，转而静默。忽然起风，湖水响亮地拍打堤岸——啪！啪！啪！……回落之后又发出汩汩的声响，仿佛这硕大的青绿色的沉重水盆，被风这个淘气的孩子推得晃荡起来，要洒要溢了！

钓鱼台的水声又是另外一种感觉。完全像在听雨，中雨，不停歇。流过这里的伊逊河，虽浅，却很宽。这清到底的河水漫过桥下混凝土堤坝时，我看到许多黑色的、二寸来长的小鱼跃上坝，奋力逆水而游。我不知道上游有什么东西如此强烈地吸引着它们，屡屡被冲下，屡屡再向前。

钓鱼台相传为康熙钓鱼处。山势奇秀，如屏风矗立在前。这是围场县哈里哈乡。庙宫靠南，在围场县四道沟乡。诗上庄则与围场南北大调角，位于与北京密云接壤的兴隆县。兴隆山秀，见之如见水墨画。越往北，则越显壮阔、苍凉。

除了风声、水声，还有鸟鸣、虫鸣。但这些声音我无法描述，无法形容。到了承德这样的地方，最渴望的是安静下来，听一些声响——就一个人。

去年我第一次走进承德大山的褶皱。这里和我的老家很像，只是我老家太行山干燥些，这里湿润些。人年岁越大，可能越从骨子里向往自己祖先曾经生活过的地方。我不知道我的祖先从哪里来，只是依着自己的喜好胡乱猜测：我从不向往咸湿的海边，他们应该不是从海边来；我也不向往干燥的草原，他们应该不是从草原来。他们就是山里人吧，要不然，为什么青绿的山对我有那样的吸引力。

去年我坐在河边久久不愿离开，留恋于亲近山水时那种无思无想的快乐，就像童年。文学和艺术都失去了意义。而这与现世生活是多么背离啊，想到这儿，一种新的痛苦油然而生，仿佛一个吃到了糖的人，发现再也没糖吃，后悔还不如从未尝过。我拽几片草叶，用力抛向河水中央，想知道草叶能漂多远，能一直漂到大海吗？这是多么幼稚的想法，很快看到，草叶漂了十来米远就被冲进河湾，它打着旋儿，再也走不出去。

"什么都会过去的，就像这流水。"——对于新的烦恼，我下此断言。在理想与现实之间，总想弄清楚究竟怎样是对，怎样是错，究竟自己该向左，还是向右。后来发现，不用去想，走到那儿，自然会做出选择。

就像从山水中回到城市，文学又有了用处，因为除了文字，我没有别的办法来表达对"类似童年"的怀念。

童年，还应该有伴儿。有真爱我的长辈，有让人亲切的亲戚，有心无芥蒂的伙伴儿。由此想到几位只有几分钟交往的承德人：付玉歧老汉开心地为我们唱大口落子，且一人饰俩角儿，连唱带比画；付海林靠卖油条攒钱盖起新房，他让我坐石凳，自己蹲地上；罗晓艳咬牙狠心借了些钱，把土屋改造成农家乐，她养的杜鹃、山茶让人叫绝；在坝根下猎苑小镇开农家乐的安素华，她给我煮热腾腾的疙瘩汤，我叫她姐，可她总说"咱娘儿俩"……

如果他们真是我的亲人，我的人生会不会另有一番滋味？听朋友们说承德的冬天，不由得又幻想一幅"围炉听雪"的画面。只是不知道，如果将来有幸在承德听雪，与我围炉者，将会是谁？

红了樱桃，绿了芭蕉

美文赏析

　　本文着眼于承德的声音：上庄的水声、庙宫的水声、钓鱼台的水声；又从水声写到了承德的风声、鸟鸣、虫鸣。进而又写到了人，此地的人纯朴、上进、热情。文章有着明晰的线索和条理，内容虽多，却不杂乱无章。语言平实中蕴含深情。

黄河之水天上来

孟醒石

面对蒹葭苍苍的白洋淀,我突然感觉自己正在枯竭,如同读完李太白全集后,深受震撼,哑口无言,长久写不出一个字。

划船的老汉无意中透露:"华北之肾"白洋淀也曾多次枯竭。水鸟可以远走高飞,渔民却无路可退,只好在干涸的淀底种起了玉米小麦,常常对着耕地翻出的鱼骨发呆。

2006年冬天,引黄济淀,于是有一股暖流从山东省东阿县黄河位山闸悄悄北上,在三干渠慢慢脱尽泥沙,横穿卫运河刘口闸,进河北省清凉江,过江河干渠、滏东排河,入白洋淀。

"君不见,黄河之水天上来。"千年之后,冀中平原的乡亲们竟然目睹了李白诗歌中的盛况。黄河之水,八百里奔波,一刻不停歇,为枯萎的"华北之肾"透析,给冰凉的白洋淀输上热血。

冻土融化,芦苇发芽,香蒲花开。鱼子从梦中苏醒,纷纷长出鳍和鳞片。莲子冲破坚硬的外壳,将朵朵荷花托举出水面,很快又有蜻蜓立上头。从黄河里挟而来的小虾小蟹,也在沼泽地交尾,在滩涂里繁衍,引来一群群丹顶鹤、天鹅、白鹳……说着各地方言的候鸟,与本地口音的野鸭做邻居。风景区游客如织,渔家乐红红火火。众生构成相互依存的生物链。天人合一,同舟共济。

从此,几乎每年都要从山东聊城跨流域调水,"引黄济淀"。2017年10月,河南濮阳的黄河水也听从调令,顺着新挖的河道,进入河北邯郸,一路向北,奔波千里,来到白洋淀。朵朵浪花,再次激赏千古的诗意,激

红了樱桃，绿了芭蕉

励淳朴的民心。

从此，"黄河之水天上来"的胜景成为常态。所有的逆流，都会变成暖流；所有的沼泽，都将变成福地。而我们，唯有饮水思源，才能避免枯竭；唯有关注民生，才能浩浩汤汤。

我们从冀中平原出发，一步一拜，上溯黄河之源，上溯中华民族的精神之源。史载，上古时代，黄河曾流经雄县、安新一带，至永定河冲积扇南缘，东折天津南部而入渤海。后来，黄河多次泛滥，几经改道，最后从山东入海。而白洋淀就位于黄河故道边，是大禹治水留下的华北明珠。

原来，我们都是大禹的后代，敢叫天公重抖擞，修建"引黄济淀"工程，使浪子回头，蜿蜒而上，重返故土，为苍生造福。

"君不见，黄河之水天上来。"有蒲棒当蜡烛，便是故乡；有芦苇做栅栏，就是家园。我们随黄河水，扎根白洋淀，体内的泥沙也自然沉淀，变成万顷碧波，莲叶何田田。

美文赏析

文章从题目看似是讴歌黄河之水，实际上却是描摹白洋淀的美丽风光；看似描摹白洋淀的美丽风光，其实却是在讴歌黄河之水。无它，因为"引河济淀"工程使得二者一出一入，紧密相连。所以这是对于黄河付出的讴歌，是对于白洋淀美丽的欣慰。语言流畅，令人读来一气呵成，十分具有美感。

第五辑
跟着诗词去旅行

这本书的扉页上还有我当初写下的四句诗:"世人谁知此中愁,花自飘零水自流。往事依稀浑似梦,都随风雨到心头。"紫色水笔写的,不好看,太飘了,人与笔皆嫩,如今则人与笔皆老。那时的心情早烟消云散,现在读来只觉牙酸,这字却还在呢。想想也有十六七年了。这个世界上,总有些东西是消散得慢的。

不要空喊读书

邓拓

要读书，就应该拿起书来，一字一句地认真读下去，为什么会有空喊的呢？

空喊读书的，可能有几种人：第一种人因为自己没有养成读书的习惯，坐不住，安不下心，读不下去，但是又觉得读书很有必要，于是就成了空喊。第二种人因为有一些误解，以为拿起书来从头到尾读下去，就会变成读死书，所以还不敢也不肯这么做，于是也变成了空喊。第三种人因为太懒了，不愿意自己花时间去读书，只希望能找到什么秘诀，不必费很多力气，一下子就能吸收很多知识，所以成天叫喊要读书，实际上却没有读。

这三种人即使是极少数的，我们也应该耐心地给以帮助，使他们不再空喊，而认真地坐下来读书。并且对这三种人还要有所区别，采取不同的办法给以帮助。

三种人之中最难办的是懒病太深的人。这怎么办呢？唯一的办法是要促使其痛下决心，勤学苦读。虽然不必采取什么"以锥刺股"那样的办法，但也要有相当的发愤之心，否则是一事无成的。而只要真的勤学苦读了，那么才有可能达到"豁然贯通"的境界。唐代大诗人李白"梦笔生花"的故事，不是全属无稽之谈。古人类似这样的故事还多得很。例如，唐代鲍坚的《武陵记》一书，还写了这样的一个故事："后汉马融勤学。梦见一林，花如锦绣。梦中摘此花食之；及寤，见天下文词，无所不知。时人号为绣囊。"

很明显，马融所以能够变成"绣囊"，并非真的因为他做梦吃了花儿的缘故，而是因为他勤学苦读的缘故。

听了这个故事，如果不从勤学苦读方面去向马融学习，而光想做梦吃花儿，那又会有什么结果呢！

可是，按照懒人的想法，却很可能不从勤学苦读上着眼。他也许会想：这真妙啊！古时马融做梦吃了花儿，醒来就能通晓天下的文辞；那么，现在能不能请一位科学家，发明一种神奇的办法，比如用注射针之类，对人脑进行注射，来代替读书呢？如果能发明这样的方法就太好了。到那时候，打一针或者吃一服药，就能吸收多少部书；这么一来，只消一个早上就培养成千上万的知识分子和专门人材，岂不妙哉！

当然这只不过是痴人说梦而已，但我们能从中体会到老老实实的读书态度的重要性，便有极大的受用。

然而，是不是一字一句从头到尾地读书，又会被批评为读死书呢？不会的。我们反对读死书主要是指那种目的不正确的，并非说：认真读书都是读死书。要是这样理解，就大错特错了。其实，有许多人根本还没有读什么书，完全说不上什么读死书或者读活书的问题。

有的人老爱高谈阔论。什么事也没有做，先要谈论个不休。大家都曾见到，有的成天在订计划，开书目，请人讲读书方法，在许多场合都很热心地泛论读书的重要性，如此这般耗费了许多时间和精力，结果误了别人也误了自己，倒不如把耗费的这些宝贵时间，放在老老实实地认真读书上面，也许可以得益不浅。

至于那种坐不住的人，只要下决心坐下来，很快就能养成习惯。这种人的毛病最轻，最好治。

一句话，读书不要空喊，到处叫嚷毫无用处。你觉得自己最需要什么知识，就赶快到图书馆去找有关的书籍，如有可能再想法买到这些书籍，抓住一天半天的时间，老老实实、从头到尾、一字一句地耐心读下去，遇到自己有用的重要材料就用本子记下来。这样做，从自己最需要的地方下手，兴趣很快也会培养起来，日积月累，就能读好多书，掌握好多知识。

舍此以外，别无路子可走。

美文赏析

本文以设问开头，自问自答，指出空喊读书的人分三种，并且一一对应解决办法。从而指出老老实实读书的重要性，接着指出认真读书并非指死读书，并对爱高谈阔论的人提出批评，最后总结全文，要求读者不空喊，找到兴趣，老实读书，掌握知识。文章有理有据，说理透彻，道理和事例的结合，有力地证明了论点，增强了文章的说服力。

驯养一本《红楼梦》

白梅

我二十二岁那年把这本《红楼梦》买回家，它是人民文学出版社出版的，封面有淡笔勾描的山石花树，一个姑娘扶着花锄，背面侧身亭亭而立；封底是宝玉项戴宝玉，面如敷粉，唇若施朱，站在一个神秘的地方，有风从背后吹过，大红衣裳衣袂飘舞。他低头在读一本册子——围绕着他的，是些女子：有穿着水田衣、执着拂尘躬身下拜的；有盘膝坐在蒲团上双手合十的；守着一盆兰花闭目垂头的；坐在纺车旁边、布帕包头的；被一只饿狼追扑，躲闪不及，掩面任其吞噬的；葬花的，黄袍着身、与龙相伴的……

当初很新的，白白的纸薄薄亮亮；五号字不大不小，正合眼缘；下边小字注释密密的一行一行。到如今整本书不知道读了多少遍，又用笔一遍遍勾画在不同的地方，像水纹一样铺了满纸满张。

第一遍沉醉于宝黛的爱情，读到柔情的语句不觉心动，勾画出来以警人；第二遍开始放眼宝钗姑娘；第三遍喜欢上了公子小姐们穿的衣裳吃的饭；第四遍，喜欢上贾府的厅堂楼舍、繁花嫩柳、檐前铁马、园中蔬果。潇湘馆前的千竿竹翠、怡红院的细腻精致、蘅芜院的奇草仙藤、秋爽斋里一囊水晶球的白菊、娇黄玲珑的大佛手、高大的拔步床，还有稻香村里的鹅儿鸡鸭，佳蔬菜花，漫然无际……第五遍，看那些丫头奴仆怎么伺候主人，那些贵族男女怎么待人接物；第六遍，钗黛谈禅警宝玉，到这一遍，才算抓住全书的精髓，懂了"好了歌"说的是什么。看来看去，整本书演义出来的，只不过一个"空"字罢了。到了第七遍，爱上下面的注释，比如什么是"三生石"、什么是"纶组紫绛"……

红了樱桃，绿了芭蕉

第八遍才把目光放进后四十回。觉得有些狗尾续貂，可是尾巴上总归有些毛。里面有些回目和片断，其实着实写得好。黛玉病中情景，咳嗽不止，天尚未明即醒得双目炯炯，外面鸟儿啾啾唧唧，窗子里透进一派清光。她躺在帐子里，萧条冷落的大观园种种声响都入耳入心；将死时直着脖子叫"宝玉，宝玉，你好——"；宝玉出家，微微的雪的清光里，披着袈裟，对着贾政拜了四拜，脸上似悲似喜。

……

光阴滔滔如水过，转眼十几年。它老了，我女儿大了，我好慷慨大方：

"姑娘，给你，妈送你了。"

送走它才知道，没有它的心里空落落。想起来，哪一页说的是些什么，哪个地方有我的批注，哪个地方是我用什么颜色的水笔细画的，我都记得。

本想再买一本的，可是一本全新的、陌生的《红楼梦》，难道还要我再用十几年的光阴把它养熟么？

后来女儿说，妈，我看不懂。我欢天喜地，幸灾乐祸："好啊好啊，你看不懂就把它还给我吧。将来妈妈给你买更好的！"

于是它又回来了。

中午睡觉，我家那只怒猫正毛发竖立地和什么搏斗着，尖利的牙齿咬得窸窸窣窣。漫不经心扫一眼，继续睡觉，一秒钟后震惊地把眼睛瞪大：我把《红楼梦》放床上了，侧封的布面已经咬得毛毛边边的。赶紧赶开猫。开玩笑！以后的几十年，我还要指着它过呢，咬坏了你赔我？

小王子和狐狸的故事，是人人都知道的。我把它驯养的同时，它也把我驯养了，彼此都是用时光浇灌的。

这本书的扉页上还有我当初写下的四句诗："世人谁知此中愁，花自飘零水自流。往事依稀浑似梦，都随风雨到心头。"紫色水笔写的，不好看，太飘了，人与笔皆嫩，如今则人与笔皆老。那时的心情早烟消云散，现在读来只觉牙酸，这字却还在呢。想想也有十六七年了。这个世界上，总有些东西是消散得慢的。

美文赏析

不过是一本《红楼梦》的书,作者却将它当作人来看待,赋予了它深情,所以写起来就特别细致动人。写到一遍遍地读,写到对它的疼惜,直写得读者也希望能够拥有这样一本浸透了自己心血的书。结尾余味悠长。

标点的脸

邓华

在一本小说里看到一句话:"我就像个句号,没法儿表达疑问感叹或省略。"心里一动,像开了天眼,刷地一下,一排标点当前,我看见它们各自长着不同的脸。

叹号就像年轻人,热血煮开了,喊口号喊得声音都劈了叉,可惜下暴雨一样,激情一散,各回各家。热情的火焰燃个冲天,烧得越猛,熄得越快。

句号就是个扑克脸,可是那不表明脸底下没藏着七情六欲。文字表达好了,情感铺垫到位了,一个句号能顶一百个叹号使。

顿号的间隔太短,用多了像打机关枪,于是有时顿号逗号皆可的地方我就用逗号了,当然实在避不过的时候,顿号还是要一顿一顿地上阵的。

说实话我还是很喜欢顿号的,跟弹簧兔似的;逗号就一豆芽菜,软软的,没什么脾气,你一逗它它就眯着俩眼儿笑;句号是个酷酷的终结者,怎么愤怒、激动、快乐,一个句号一封,得,就跟盖了张铁皮似的;叹号太夸张,用不好就显出外强中干的相;省略号太抒情,有点像琼瑶笔下的女主角,你要是不理她,她就给你哭个没完,嘤嘤嘤……嘤嘤嘤……破折号是个老学究,长着山羊胡,老想给人指点什么。

其实我也就一句号的脾气,写文章也是面瘫式,用什么标点符号都循规蹈矩,不喜欢"?!"或者"!!"或者"!!!"或者"???"或者"…………"地用一堆,所以看见网络小说里用这一堆我头疼。

有的时候四下里看看,人也真的就跟标点符号一般。有的人像问号,时刻都想化身好奇宝宝,爱迪生、爱因斯坦差不多就是这样的;有的人像叹号,就是京剧里的张飞,喝烈酒,吃肥肉片;有的人像省略号,总让人看着别有深意似的,深意在哪儿,只有他自己知道;大部分人还是清清淡淡的句号;小孩子是一个个的顿号,尤其排着队出现的时候,一个、一个、一个的,看着好玩儿。

你看你看,标点的脸:逗号长着山羊胡,问号拄着拐棍儿,叹号戴着耳坠儿,省略号是一串匀实的小呼噜,句号是个小子弹,凡事一般都由它给出个结局,一枪命中靶心,希望这个靶心只有两个字:幸福。

美文赏析

作者把不同的标点符号安上不同的脸,赋予不同的性格,使得没什么存在感的标点符号也分外鲜明起来,这是本文的立意新奇之处;文章的语言也非常生动,读之令人会心一笑。结尾更是表达了对于幸福的向往,将句号比成命中幸福的子弹,既不偏离主题,又提升境界。

路过书，路过美好

包利民

读完一本书，就像路过一片风景，从那些动人之中穿行出来，悠长的回味带着不尽的眷恋。回头看看，在我们的生命历程中，曾路过多少让我们怦然心动的书啊，就像一程程飘摇远去的风景，点缀着无尽的来路。

儿时在乡下，起初只是在那片土地上疯玩儿，偶尔的一个冬天，在前院大表哥家里，看到他家的二姑娘手捧一本《红楼梦》在读。那一刻，心便被莫名地触动。随着成长，《红楼梦》已经成为我无数次重温的情节，我却知道，这一份热爱来自最初的那个冬天，那一次无意的路过。

中学时在小县城，那个年代，没有电脑手机，没有网络，唯一让我们着迷的，就是读书。许多书都是相互交换读到的，却依然觉得书少。书店并非开架售书，每一次去，我只能隔着柜台，看看那些封面，遐想一下那些书名，然后黯然离开。有时候，会有某个书名宿命般触动心底最柔软的部位，然后便驻足凝望一会儿。后来，许多当初这样路过的书已经记不起书名，可是那一份渴望仍在。

有时候，就是这样神奇，那是纯粹的路过，甚至没有看过书的内容，却已经让人心生美好。

就像少年时的火车上，邻座大婶手中的那本《爱的教育》，让我拾回许多失落的珍贵；就像在黄昏的街头，白发苍苍的语文老师拿着的《悲惨世界》，竟改变了我一生的命运；就像那本攒了好久的钱才买来，没来得及看就丢失了的《百年孤独》，让我痛惋之余，对书的兴趣更是猛增……

二十多年来，我与书的相互路过，太多的情节可以讲成故事，不管怎样复杂的故事，却都有着共同的美好。

　　有个朋友对我讲，他年轻时在工地上当力工，每天都干活到极晚。那时他心中几乎没有什么别的念头，也没有任何希望，就是这样在劳累中一天又一天。直到有一天，他路过一个废品收购站，门前堆放着许多旧书废纸。他忽然就看到一本很厚的书，书名是《平凡的世界》，简简单单的五个字，就击中了他的心。走过去很远，他终于还是转回身来，飞快地将那本书捡起，就像揣着某种希望。

　　他说："就是那本《平凡的世界》，伴我度过了最艰难的一段日子，让我心里有了希望！"可以想象，在劳累了一天之后，他在昏黄的路灯下，走进平凡世界的动人之处，从而让心底的梦想生生不息。他路过了这本书，却给自己的生命带来了无边无际的美好。

　　即使在当下，也会有一本书契合着你心中深藏的梦想，也会路过这样一本书，让你对生活有了全新的认识。那本书就在那里，等着你去路过，去遐想，与书的相遇，便是所有美好的来处。

美文赏析

　　本文写成长过程中路过的那些书，实际是在写读书的经历。读过的每一本书，都会给人留下一些印象，或者有着一些影响，都会充盈着内心的世界。作者把书和人的相互路过，总结成一个词：美好。的确，好书带给人的感觉就是美好的，希望我们不要放弃读书，因为那意味着我们放弃了很大的一块"美好"。

用词不是一件随心所欲的事

西风

一篇文章写一个名主播和父亲的故事。名主播自从出名后,就有些飘飘然了。父亲给他提忠告:"你现在进入了万众瞩目的电视台工作,有些知名度了,但……千万不要太自以为是。"

"万众瞩目"这个词用得好——这个父亲的文化水平高。

但是下一个细节害得我眼镜险些跌掉:"父亲拿出一个日记本,上面写着歪歪扭扭的几行字,全是给他在电视上的表现挑刺"——刺挑得如何不必说,这个"歪歪扭扭",真是扎在锦绣文章里的一根刺。

一般来讲,能说得出"万众瞩目",也就写得出一手不那么"歪歪扭扭"的字。写一手"歪歪扭扭"的字,大概也说不来"万众瞩目"这样的词,一个父亲的身份就这样被这两个词给生生撕裂。

用词不是一件随心所欲的事。你可以为了达到效果,把父亲设置成一个有文化的形象,那么,只要把下面那个"歪歪扭扭"去掉就可以;你也可以为了达到效果,把父亲设置成一个不太有文化的形象,那么,只要把"万众瞩目"改成通俗化的口语形式。

梁斌《红旗谱》是那么老的书了,通篇土腥味。里面写穷人反割头税:

(老驴头)急忙穿上棉袄,转过身来对大贵说:"咱也赞成你们这个反割头税了!"

大贵说:"当然要反他们,房税地捐拿够了,又要割头税。他们吃肉,就不叫咱喝点肉汤!"

老驴头说:"那我可知道,就说冯老兰吧,他一天吃一顿饺子,吃咸菜还泡着半碗香油。"

　　这样的话，就只有这些吃糠咽菜的穷老百姓说得出来，如同穿了多年的衣服，磨得露出经纬，拿给说这话的人穿，却最熨帖，最舒适。

　　回头再看鲁迅先生的《孔乙己》，越发处处见出精妙：孔乙己着一袭破长衫，用长指甲敲着柜台，教小伙计"茴"字的四种写法——非读书不着长衫，非落魄则长衫不破；不事耕作，才会养得指甲长长；把没用的东西记一肚皮，他不迂腐谁迂腐，他不落魄谁落魄？

　　可见字里行间确实不易讨生活，漫说古今中外处处皆是触目惊心的跟头，就这两个小小的词，一不留神，都会绊得你如同入了盘丝洞的猪八戒，左边一跌，右边一跌。

美文赏析

　　本文看似是在说写作中用词的艺术，实则不仅仅是语言层面的问题，更要站在立意和形象塑造的角度来看待。文章不厌百回改，随心所欲写出来的词，需要在修改的过程中反复咀嚼，力求一字一句一段都要为主题服务，为塑造人物形象服务。

普鲁斯特和马二先生

闫晓沫

读胡兰成的《今生今世》，有"繁星如沸"四个字，运笔近妖，把我惊到。

后来才发现他的老师是苏轼，写过"天高夜气严，列宿森就位。大星光相射，小星闹若沸"（《夜行观星》）。不过却被纪晓岚在"小星闹若沸"下重重打一道墨杠，批"疑为流星"。

这位纪先生，他还真当小星如蛙，在夏天的夜里扯着嗓子叫"呱呱呱，呱呱呱"，然后一个个像曳光弹，拖着长长的光尾巴，嗖一下一个踪影不见，再嗖一下又一个踪影不见啊。

文字的世界多陷阱，上宽如洞，下似尖针，一副牛角模样，想不到真有人前赴后继，猛往里钻。

宋祁《玉楼春》有"红杏枝头春意闹"，李渔就嘲笑："此语殊难著解。争斗有声之谓'闹'；桃李'争春'则有之，红杏'闹春'，余实未之见也。'闹'字可用，则'吵'字、'斗字'、'打'字皆可用矣！"

既是红杏不能"闹"，那么梅也不能"闹"，灯也不能"闹"，毛滂《浣溪沙》的"水北烟寒雪似梅，水南梅闹雪千堆"、黄庭坚《才韵公秉》的"车驰马骤灯方闹，地静人闲月自妍"都该毙掉。

盛夏去白洋淀，真是如范成大《立秋后二日泛舟越来溪》所讲："行入闹荷无水面，红莲沉醉白莲酣。"荷叶大如伞、小似钱，摩踵挨肩，闹市一般。换"盛荷""绿荷"均失其神，这样又该怎么办？

文字这种东西，千变万化，一时它喜欢素白颜面，青丝松绾；一时它又喜欢盛装严饰，满头钗钏……难道非得要把它化成铁汁，倒进模子，再磕出一把把壶，一只只犬，一枚枚不差模样的钱？

《儒林外史》里有一个游西湖的马二先生，大长的身子，高高的方巾，乌黑的脸，揿着个肚子，一双厚底破靴子，横着身子在女客们的人窝里乱撞，女人也不看他，他也不看女人。他的眼里只有热茶、橘饼、芝麻糖、粽子、烧饼、处片、黑枣、煮栗子——不解风情到如此。

这样的人若是不幸而做了批评家，是一定要把文字"规"成慈禧出巡时大轿前的顶马：一律昂着头，跨大步，却是蹄子似挨地不挨地的时候，慢慢地一蜷，又缩回来约一尺五，实际上走的却只有五寸，这样来和轿夫的步伐相等。就这样，马蹄子落地"哒哒哒"，轿夫走路"嚓嚓嚓"，方能尽显天家威严和光华。

所以他们读了唐代李绅的"春种一粒粟，秋收万颗子"，一定要指摘其不符合生物学事实：一粒粟顶多收一二百颗子，怎么能收一万颗呢？唐代浮夸风实在太重了啊！读了陈丹青的"我站在屋后树林子里谛听山雨落在一万片树叶上的响声"，更会张着嘴笑：你真的数过了，不是9 999片树叶吗？

想想就觉得冷。

普鲁斯特一生病卧在床，却是屋小而心大，乘着文字走天下，所以他的《追忆似水年华》才能字字句句皆如宝花。

他居然想象着"巴马"这个城市因其名字而"紧密，光滑，颜色淡紫而甘美"；"佛罗伦萨"则仿佛是一座散发出神奇的香味，类似一个花冠的城市；"贝叶"的巅顶闪耀着它最后一个音节的古老的金光；"维特莱"末了那个闭音符又给古老的玻璃窗镶上了菱形的窗棂；悦目的"朗巴尔"，它那一片白中却既有蛋壳黄，又包含着珍珠灰；……美丽的"阿方桥"啊，那是映照在运河碧绿的水中颤动着的一顶轻盈的女帽之翼白中带粉的腾飞；"甘贝莱"则是自从中世纪以来就紧紧地依着于那几条小溪，在溪中汩汩作响，在跟化为银灰色的钝点的阳光透过玻璃窗上的蛛网映照出来的灰色图形相似的背景上，把条条小溪珍珠似的连缀在一起……

所以马二先生和普鲁斯特即使同在一个时空也不能相见，否则普鲁斯特先生的文字会让马二先生发晕，马二先生的批评会让普鲁斯特发疯。

春风春日，绿水小亭，就便有学究先生眉竖目瞪，也拦不住风流才子弹琴唱歌给美人听。文字的风情本来便是墙里桃花墙外红，看你有什么本事朵朵都禁。

美文赏析

马二先生和普鲁斯特怎么能扯在一起？原来马二先生是行文僵化、胶柱鼓瑟、胡乱批评的代表，普鲁斯特是想象力丰富、写作时行文新颖的代表。作者对于这二者的态度非常鲜明，对于胡乱抨击别人作品的做法大加鞭挞，行文美丽而意思尖锐泼辣。

活的文字是心头血

落落

一个文友说：我的故事很丰富，可是我写不出来。所以，我讲给你听，你写。

我说不好意思，我也写不出来。

有那一等一的人，耳朵听听就能下笔百万言。我是三等三，别人的肉贴不到自己身上，耳听眼见皆不能作准，唯有自己心底流出来的东西，写起来才有感觉。人读书如观鱼，那鱼要是活的，扑啦啦掉尾甩水，那才有趣。若是我写出来的文字一片干巴巴萧瑟如落叶枯枝，读之如观死鱼，又有什么意思。

读多了文字世界里那么多的死鱼，在死水里泛着白肚皮，到如今仍旧受不了那种正襟危坐的文字，煌煌如居庙堂之高，心忧天下万民，踱着四方步，扎着金腰带，腆着大肚皮，让读者贴耳低眉，如聆圣训。内容已是让人无比痛恨，行文方式也让人觉得硌牙伤胃。

我喜欢四处搜罗一些俏皮活泼的文字。写它的人因为没有身份，所以没有架子；因为没有架子，所以没有粉饰；因为没有粉饰，所以没有拘谨；因为没有拘谨，所以，个顶个的字都是那山涧流水里寸长的小活鱼，在阳光下一闪就没了影子。

比如说人爱臭美："但凡是人，都有些自恋，只要保证眼睛是两只，耳朵是一对，外带两个孔的鼻子和一张嘴，站在镜子前端详一段时间都会认为镜子里的人长相不俗，拆开来分析还会有惊喜发现，例如某一处可能完美得已经被古希腊雕像侵权复制。"

比如说英雄，"'什么是英雄？''所谓英雄，不过是一腔热泪，一手血债，一往无前，一生无言。'"这样的文字，就算是无名氏写的，我也给它打一百分。

还有眉户《张连卖布》的一段唱词，挺有意思。张连赌输，货卖家当，夫妻对唱：

你把咱大涝池卖钱做啥？我嫌它不养鱼光养蛤蟆。
白杨树我问你卖钱做啥？我嫌它长得高不求结啥。
红公鸡我问你卖钱做啥？我嫌它不下蛋光爱吱啦。
牛笼嘴我问你卖钱做啥？又没牛又没驴给你带呀。
五花马我问你卖钱做啥？我嫌它性情坏爱踢娃娃。
大狸猫我问你卖钱做啥？我嫌它吃老鼠不吃尾巴。
大黄狗我问你卖钱做啥？我嫌它不咬贼光咬你妈。
做饭锅我问你卖钱做啥？我嫌它打搅团爱起疙瘩。
风箱子我问你卖钱做啥？我嫌它烧起火滴里啪啦。
小板凳我问你卖钱做啥？我嫌它坐下低不如站下！

我老家村里即有这么一个活现世的张连，所以读它如吃园里现拔的葱，那股子新鲜热辣劲。

这样的文字轻松、疏狂，是野狐禅，上不得庙堂，可是最真切。所以说读书是非常个人的事，人家的脑子不是我的脑子，我的兴趣点当然也未必是人家的兴趣点。我读着有趣人家说轻佻，我读着无聊人家说庄重，这不是唱反调，只是人人都遵从自己的阅读本性。

当然手头的笔，也要遵从自己的写作本性。替人写的东西，总归少有出于本性，因而没了精魂。

活着的文字，它的背后，都有一个活着的人。真切地爱着，恨着，厌恶着，对生活进行着无奈却又必须的提纯。活的文字是心头血，是自己心尖上开出来的花，态度真诚的写作者写出来的个个如此。最烦那种人，心头无爱却歌颂着爱,脚下对人使绊子,动心眼子,手底下却教导人如何做人,如何处世。这样的人已死,他们写出的文字就是给他们自己坟头烧的纸。

美文赏析

本文主旨在于表达写文章一定要有真情实感,虚伪的文字没有生命力。行文活泼,结尾泼辣,直指一些写作者的弊病,使人警醒,不要像那些不真诚的写作者一样。

一个清醒的边缘者

凉月满天

今年读过的书,算起来几千万字的阅读量肯定是有的。有的是小说,情节跌宕;有的是散文,妙笔生花;有的是诗歌,弦歌情深……但是给我印象最深的,却是一本名字不出众、装帧极为素朴,摆放在书店的架子上,简直懒得让人去看一眼的《沈从文说文物·器物篇》。

当时买回它来,读也不过是随手翻翻,内容亦不惊艳,老实得很,说器物就是老老实实地说器物:说古代镜子的艺术呀,探讨玻璃工艺的历史呀,谈瓷器艺术呀,又论述中国古代陶瓷……

所以说沈从文这个人就是老实,就那么规规矩矩地考证,认认真真地作文,一点都不耍花腔:

"中国金工用青铜铸造镜子,约在春秋战国时期。多数镜子的背面,都有精美的装饰图案,从造型特征和艺术表现看,可以分成两类,代表两种不同风格:一种镜身比较厚实,边沿平齐,用蟠螭纹作图案主题,用浅浮雕、高浮雕和透空雕等技法处理的,图案花纹和河南新郑、辉县,山西李峪村及最近安徽寿县各地出土青铜器部分装饰花纹相近……"

读这样的文字,会不由让人想起他离开文坛,在中国历史博物馆上班的日子,也是这般的老老实实。

当时,他差不多脱离文坛,在博物馆上班。但是有关部门也不给他安排办公室,他就在午门楼上的穿堂风里待了十年。

他写:"我在这里每天上班下班,从早七时到下六时共十一小时。从公务员而言,只是个越来越平庸的公务员,别的事通说不上。生活可怕的平板，不足念。每天虽和一些人同在一起，其实许多就不相熟。自以为熟习我的，必然是极不理解我的。一听到大家的笑声，我似乎和梦里一样。生命浮在这类不相干的笑声中，越说越远。关门时，独自午门城上，看看暮色四合的北京城风景……"

一个灰扑扑的、不起眼的、被边缘化的、封笔再也不写飞扬跳脱的小说的，只沉浸于古老年代的盆盆罐罐、丝丝缕缕中的小公务员。

世界正发生着巨大的变化，但是他跟不上，就像一条鱼被浪潮生生地冲得靠了边。

他给人当讲解员，给陈列的展品写标签，黄永玉对于他这个表叔的那份神气可看不惯了："他的工作是为展品写标签，无须乎用太多的脑子。但我为他那精密之极的脑子搁下来不用而深深惋惜。我多么不了解他，问他为什么不写小说，粗鲁的逼迫有时使他生气。"

谁也不知道，在任谁也看不见的地方，他一个人仍旧在孤独而艰难地跋涉。

徜徉在成千上万的文物之间，就像坐拥数不清的稀世珍宝。他犯了贪念，妄图透过这鞋履衣带、环佩叮当、坛坛罐罐、字字画画，来看穿时间的河，河里流过的生命，生命深处的灵魂。

他想透过它们，看穿人类的生命之火。他的眼睛在发光，他的大脑在拼命地运作：

你看，这些服饰，你看，这些家具，你看，这些器皿，你看，这些风俗习尚，你看，这些花纹设色，你看，这些笔调风格……

美啊。美啊。

就像当年在文字的迷宫里四处转悠，到处挖土，他现在在文物的迷宫里殚精竭虑。文字也好，文物也罢，都是他的工具，他想要通过这些，来探寻人类的真实。

或者是真实的灵魂，或者是真实的过去。

于是他就把写小说的热情，用来搞文物研究，一篇一篇文章写出来的，都是他趴伏桌案的考证。看着这些平实的文字，就像透过稀薄的布丝，看见后面坐着一个戴着眼镜、佝偻着腰、伏在桌案前的人。

这个人用着他难得在现实生活中强烈的语气,难得地用出了一个叹号:

"用联系和发展上下前后四方求索方法,去研究文物中丝绸、陶瓷、家具、字画和铜、玉、漆、竹、牙、角器等,必然可以使我们得到极多便利,过去许多不易着手的问题,在这种新的认识基础上,都能够理出一些头绪和相互关系。做文物鉴定就比较全面。做陈列说明和陈列所需要的历史画塑,编排历史戏剧、历史电影、历史故事连环图,使用有关材料时,也就比较能做得有根有据,不至于胡说凑合!"(《试释"长檐车、高齿屐、斑丝隐囊、棋子方褥"》)

——看着社会上有些人不尊重历史、搞鉴定时胡说八道、编戏拍电影时胡编乱造,人家也是有脾气的!

所以说这本书的装帧很绝,外封是清淡而沉默的浅豆绿,内里的封皮却是横着麦草的零星秸秆的象牙白。它安静地应对着来来往往的人群和光怪陆离的世界,就像沈从文一样,把自己变成了一个清醒的边缘者。

美文赏析

本文《沈从文说文物·器物篇》一书,从它的内容,写到了沈从文这个人:他的际遇,热情,爱好,成就和脾气。最后把这本不起眼的书和沈从文这个人给结合起来,说它和他都是清醒的边缘者。作者文笔平实而内里饱蕴情感。

百年老课文

闫荣霞

逛书店，买了一本书：《百年老课文》。封面很喜欢，不是流行的花红柳绿，而是黄黄旧旧，麻纸一样，宛如逝去的老时光。

翻开内容，才发现"老课文"，原来真的是很老了，老到让人诧异：何以要选这样的文章来做课文呢？

朱自清先生的文章历来在课文中必不可少，从《春》《绿》到《荷塘月色》《背影》，写景有其妙，写情达其深，该朴实处朴实，当清丽时清丽，但何以这些文章都不选，偏偏选了文笔直白的两篇——《扬州的夏日》与《初到清华记》？

钱锺书先生说过，"把整个历史来看，古代相当于人类的小孩子时期。先前是幼稚的，经过几千百年的长进，慢慢地到了现代。时代愈古，愈在前，它的历史愈短；时代愈在后，他积的阅历愈深，年龄愈多。所以我们反是我们祖父的老辈，上古三代反不如现代的悠久古老。"的确如此，所以我们看前人的文章，其文笔辞藻有时远不如今人炫目，或说古而简，约而清，也是一种风貌，这自然是有它的道理。但是古而简，简而不深；约而清，清而不厚，这就失之于平淡无聊。哪怕它是名人写的文章，明明没有滋味，也未必非得要说读着它如吃着龙肝凤髓。

这样的文字平淡归平淡——我们不能要求一个过去的人能够写出今天这样耀眼、大胆的文字。但是，这些寂寞文士的文字最超出人上的地方不是文采，而是字里行间的静气。这种静气里，蕴含着一个失落的、再也追不回来的世界。

在那个世界里，朱自清先生这样的文人如吴组缃先生所评价的那样，"他不是那等大才磅礴的人，他也不像那等人们心目中的所谓大师……他的为人，他的作品，在默示我们，他毫无什么了不得之处。你甚至会觉得他渺小，世俗。但是他虔敬不苟，诚恳无伪。他一点一滴地做，踏踏实实地做，用了全付力量，不断地前进，不肯懈怠了一点。也许做错了，他会改正的；也许力量小了，他会努力的。"这是纯粹还原朱自清先生本来面目的文字，和朱自清先生的文章一起，还原出一个大时代里一个自甘寂寞而不懈努力的文人。这样的人写出来的文字，也许不使人喜，却让人尊。

对于时代的进程，清醒的人有足够的自知，萧乾对于包括他自己在内的一个时代的文学作品所处的地位也有一种超乎常人的清醒："十年前一篇被人称誉的小说今日重印了出来多么幼稚可笑……如果十年前的杰作已是羞答答地立在今日作品面前，十年后我们能抑制新作的萌芽吗？"

是的，不能。文字如同开满小花的青青草地，总吸引一代又一代的人在上面奔跑、跳跃、翻筋斗、竖蜻蜓、跌跌撞撞，试步如婴儿，一定要领略这里的绝美风光，才会迎来文字的一个烟花盛放的新时代。

一个时代过去了，曾经绝美绝静的人间四月天已经不见，取代它的是一派热闹与喧嚣，浮华与鼓噪。而且，我们这个时代也终成过去，大浪淘沙，不知道会剩有多少圆溜溜的珍珠，点缀我们这一段历史的夜空。

美文赏析

本文以朱自清的文章为例，说明文字是一个渐进的过程，过去觉得好的文字，也许拿到现在，就显得不那么出众。同时，文学也是一个大浪淘沙的过程，总会有好的文字留下来。文章语言朴实沉凝，通过自己的思考得出结论，而不是人云亦云。

绍兴四叠

许冬林

绍兴是精致的。

好像是用五彩丝线密密绣出来的荷包，鸳鸯喜鹊荷花翠盖，那么灼灼生动。又像一个穿旗袍的女子，有玲珑婉约的身姿，她执一把小伞经过你身旁，经过，你觉得那天的风和阳光都是好的，是清芬的。

在黄昏，登上一只乌篷船，橹声轧轧，闭了眼，仿佛自己已经是一个绍兴人。

绍兴市内的河真窄真瘦，可是，也真长真有古意。青石或青砖砌就的河岸，蜿蜒随流水向前。在阳光稀薄的那些河岸的岸壁上，古老的蕨类植物从砖石缝里长出来，柔软的叶子在微风里颤动着，颤成了河水里一抹水墨般的倒影。

乌篷船轻轻穿过一弯弯上弦月似的小桥，夜色就深浓起来。明月光洁，宛如银子锤出来的，斜挂在垂柳之上。长沟流月去，月亮在天上，也在水里。我们坐在乌篷船上，摇摇荡荡，在水上也像在天上。

绍兴是耐读的。

特意挑了一个好天气，天清气爽的天气，去拜谒兰亭。还是上午，太阳刚出来，一路走去，空气中散发着露水从植物叶子上蒸腾时的清气，好像东晋那个三月三的好天气。远远看见一片青灰色的瓦片在上午的阳光下，泛着淡墨般的莹润之色，一个个飞檐，好似书法里用力向上的一提笔，墨色斜斜插进满山的青色里，空气里立时仿佛有墨香在飘散了。我心里悠悠一荡：这是去见王羲之啊！

进得一座古朴幽静的园子，放眼环视，鹅池、鹅亭、曲水流觞亭、右军祠、墨池、碑亭……每一处景，就是一个散发墨香的陈迹，就是一段风雅历史。

"曲水流觞"，是真能见古人的风雅。为纪念那次风雅，后人建了"流觞亭"。亭前，一条"之"字形的曲水蜿蜒流向青青树荫里。遥想千百年前的那个三月三，艳阳朗照，清风徐徐，山坡上的兰花飘散清香，王羲之和四十一位文人雅士在这里纵谈国事，写诗品酒。他们把酒倒进杯子里，把杯子放在荷叶上，让酒杯随着荷叶从曲水上游漂流，漂到谁人面前，谁就要饮酒作诗。作不出诗的，就要再罚酒。那一回雅集，共得诗三十七首，汇集成册，便是《兰亭集》。古人拼的不只是酒量，更是才华啊。

其实，绍兴也有它淡淡惆怅的一页。

沈园，是一座宋代园林，至今已有800多年历史了，而成名，怕还是因为宋代大诗人陆游的那阕《钗头凤》词罢。

当年，陆游初娶表妹唐琬，婚后生活甜蜜和美，可是后来陆游为母亲所迫，与表妹离异。一桩如花似锦的姻缘从此沦落凄风苦雨之中，各自飘零，各自心痛。

十年后，陆游游访沈园，不巧在这里遇见已经改嫁名士赵士程的唐琬，唐琬征得丈夫赵士程的同意，给正要伤心离去的陆游送来酒菜，陆游感慨满怀，在墙上写下了这首著名的《钗头凤》：

红酥手，黄縢酒，满城春色宫墙柳。东风恶，欢情薄。一怀愁绪，几年离索。错，错，错！

春如旧，人空瘦，泪痕红浥鲛绡透。桃花落，闲池阁，山盟虽在，锦书难托。莫，莫，莫！

自从这次重逢，唐琬后来愁病交加，也提笔写了一首《钗头凤》：

世情薄，人情恶，雨送黄昏花易落。晓风干，泪痕残。欲笺心事，独语斜阑。难，难，难！

人成各，今非昨，病魂常似秋千索。角声寒，夜阑珊，怕人寻问，咽泪装欢。瞒，瞒，瞒！

之后，唐琬抑郁病去，永远离开了这个令她伤心的红尘。

在这个满城柳色深绿堆叠浅绿的夏日，我来到沈园，一个人静静地，静静地走着，唯恐惊扰了他们千年的思念。

绍兴还是文学的绍兴，是内心深厚的绍兴，是目光深邃的绍兴。

去绍兴，定会去鲁迅故里。某种意义上，也可以说，那是现代文学的一个故里：百草园、三味书屋、茴香豆、孔乙己、咸亨酒店……

百草园其实就是周家的一个大菜园子。遥想一百多年前，一个懵懂的孩童，他在这个园子里听鸣蝉在高树之间长声吟唱，在砖缝里寻找那些可爱的昆虫，拔何首乌的根，摘覆盆子，吃桑葚……在这样一个高高院墙围起来的园子里，他度过了一个有声有色的童年。他在这里长大，然后离开这里，出门求学。学医、从文，走进了中国现代文学史，成为一代文豪，成为每一个中国人都知道的"鲁迅"。

他是绍兴的骄傲。绍兴因为他，也格外有了一种厚重，有了一种硬气和胆气。这是绍兴这座城的独特气韵，是绍兴的骨。

在离开绍兴的这个晚上，在桥头边的一个酒家，我斟了一杯黄酒。举起透明的玻璃杯，摇了摇，看琥珀色的液体在杯子里波来浪去，我知道，它外表婉约如水，可是水里藏着力量。这是长了硬骨头的水，这是绍兴黄酒。

这是绍兴。

美文赏析

绍兴精致而耐读，一千个人眼里，就有一千个绍兴。作者用细腻而精致的笔调，写出了自己眼中独特的"这一个"绍兴。文章语言如潺潺流水，思路十分清晰。

湖山一"粒"人

水云媒

张岱在文学史上是个异数。

杭州萧山机场的一个候机室内，靠向跑道的一面墙上有一幅巨画，一树娇艳欲滴的桃花喷薄而出，几乎爆出画面，扑棱棱地就伸到人的面前。花枝下倒映着的是一湖碧水，那桃花的颜色也艳丽如洗，以至整张画形成强烈的色彩层次，每个乘客走进候机室都会眼前一亮。

就在这幅画一侧，张岱的这首诗用柳体喷绘——

烟柳幕桃花，

红玉沉秋水。

文弱不胜夜，

西施刚睡起。

我有瞬间的惊异：这首诗，太杭州！

张岱，似明末幽灵，终日飘荡在杭州这片湖山。每一寸土地、每座山、每棵树、每座寺、每条路、每架桥，甚至，西湖水面的一纹一波，就像他手心的纹路，信手拈来，脱口而出，一个湖痴就疯疯癫癫地立在眼前。

走在西湖，张岱的影子就是太阳的影子，走到哪里休想摆脱。手中有一本薄薄的《西湖梦寻》，把西湖里里外外上上下下说个通透。许多陌生地名只能按文索骥：哇哇宕、韬光庵、岣嵝山房、紫云洞……西湖天下景，张岱眼中的"景"出奇出新，比如《湖心亭看雪》，"湖上影子，惟长堤一痕、湖心亭一点、与余舟一芥，舟中人两三粒而已"……

人竟以"粒"为单位，一个"粒"，景就亮了。那般湖天一色、万迹皆绝的空旷静寂，谁人能摹？这等奇思妙想空灵诡异，非张岱，无人能出其右。

当他将这个世界的芸芸众生参悟得只剩"一粒"，他的心中眼中，这个世界是什么样子？

白居易守杭州，人们大多记得他未能抛得杭州去、孤山寺北贾亭西、万株松树青山上……可在张岱眼里，白居易是这样"施政"的："白乐天守杭州，政平讼简。贫民有犯法者，于西湖种树几株；富民有赎罪者，令于西湖开葑田数亩……"读到这里，心中一乐，世间还有这样的刑罚！种树、开田也算服刑，亏白居易想得出！文人当政自有其独树一帜的奇绝，难怪数年后，"湖葑尽拓，树木成荫。乐天每于此地，载妓看山，寻花问柳……"读到这里，我更是乐不可支，原来，这白乐天真真乐天！幸亏张岱的"挖掘"，今人漫步湖边，或许某棵弯腰吻水的老树就是一千多年前的某犯人所栽！

灵异古怪如张岱，虽寥落、哀绝了些，却切中了我，我想大言不惭地说，我懂。

这样的时候，再走西湖，就别有一种魂灵一样的东西，总觉得你的身边有那么一"粒"落拓不羁的老者，精灵般古怪地跟随你左右，而眼前这片湖山，也因之而灵动。

美文赏析

此文既写景，又写人，借景来烘托人物，衬托出了西湖一"粒"人张岱的灵动和落拓不羁的特点，抒发了对张岱文采和人格魅力的欣赏之情。同时还运用了大量的古诗词和典故，丰富了文章的内容，增添了文章的内涵。

最忆是杭州

霍静梅

  杭州的春天,是水洗烟笼的春天。龙井山下的一位茶农风趣地说:"杭州这个月,下了两场雨,一场下了18天。一场下了12天。"一行外地人听了,不禁莞尔。

  惊蛰前后,狮峰山下,当第一对新芽从茶园中泛出嫩绿的颜色,龙井村的人们开始忙碌。女人灵巧的双手十指翻飞,男人们在家里杀青炒茶。天南海北的茶客们,闻风而来。

  待到阳升浊降,天气清明,这时,最金贵的明前茶,除了自家留着待客的,几乎售罄。春茶在春雨中一点点采制完成,齐整地装在筐中待价而沽。这时,茶园的主人换了月白的长衫,在自家后院的井中,汲了泉水,取了各色茶具,一一摆开,沏一壶新茶,稳稳坐下来,静待随缘的客人到来。

  我们到达杭州时,正是烟雨朦胧的三月。"西湖美景三月天,春雨如酒柳如烟",这样的歌词一直在脑海里萦绕,安顿好行李后,一行人顾不上天气将雨,迫不及待地去往西湖。

  人间天堂数苏杭。杭州人有着精致的生活。两千年的历史沉淀,让杭州的衣食住行,有数不清的故事和传说。

  三月,杭州人出门,习惯带一把伞。晴时遮阳,阴时挡雨。在平常的日子里,那五颜六色的雨伞,亦是一道亮丽的风景。想当年,西湖畔,白素贞与许仙的姻缘,也全凭一把油纸伞。故事的开始和结局,总是悲喜交织,我们在长桥边,遥望夕照山上的雷峰塔,不由得会想到在雷峰塔下修行的白蛇,感慨戏如人生,变化无常。

杭州的春天，是水洗烟笼的春天。龙井山下的一位茶农风趣地说："杭州这个月，下了两场雨，一场下了18天。一场下了12天。"一行外地人听了，不禁莞尔。

惊蛰前后，狮峰山下，当第一对新芽从茶园中泛出嫩绿的颜色，龙井村的人们开始忙碌。女人灵巧的双手十指翻飞，男人们在家里杀青炒茶。天南海北的茶客们，闻风而来。

待到阳升浊降，天气清明，这时，最金贵的明前茶，除了自家留着待客的，几乎售罄。春茶在春雨中一点点采制完成，齐整地装在筐中待价而沽。这时，茶园的主人换了月白的长衫，在自家后院的井中，汲了泉水，取了各色茶具，一一摆开，沏一壶新茶，稳稳坐下来，静待随缘的客人到来。

我们到达杭州时，正是烟雨朦胧的三月。"西湖美景三月天，春雨如酒柳如烟"，这样的歌词一直在脑海里萦绕，安顿好行李后，一行人顾不上天气将雨，迫不及待地去往西湖。

人间天堂数苏杭。杭州人有着精致的生活。两千年的历史沉淀，让杭州的衣食住行，有数不清的故事和传说。

三月，杭州人出门，习惯带一把伞。晴时遮阳，阴时挡雨。在平常的日子里，那五颜六色的雨伞，亦是一道亮丽的风景。想当年，西湖畔，白素贞与许仙的姻缘，也全凭一把油纸伞。故事的开始和结局，总是悲喜交织，我们在长桥边，遥望夕照山上的雷峰塔，不由得会想到在雷峰塔下修行的白蛇，感慨戏如人生，变化无常。

长桥不长。远远望去，曲曲折折的长桥，九曲回环，山伯和英台于此漫步。暗生情愫的英台，几次戏弄实诚的山伯，最终，山伯将手中的折扇送给了英台，做了娶九妹的信物。十八相送，大概是梁祝故事中，最明亮和轻快的情节。

我们走过长桥时，风吹水漾，阴暗的天空映着被湖水打湿的桥面，呈现出灰扑扑的颜色，无端让人生出丝丝忧伤情绪。刻在青石桥板上的蝴蝶，双双对对，沉重翅膀终是无法飞过西湖，成为千古悲情。

由南山路，过杨公堤向西，在狮峰山下的茶园里逗留，看女子们在茶园里采茶，抬头望见不远处的村落，白墙灰瓦。

过岳王庙，向南是苏堤。沿苏堤有曲院风荷、玉带晴虹、苏堤春晓、雷峰夕照几个著名景点。当时我们一路懵懂，并没有向南，而是信马由缰，从北山街口向西，转入白堤。

过百年老店楼外楼不远，就是中山公园。无意中踱进园来，见小桥流水，再往前几步，发现眼前竟然就是孤山。呼朋唤友，沿台阶一路向上，有乾隆行宫鹫香庭、万菊亭，山后有梅鹤轩。孤山梅园，天下皆知，是因为梅园里有一位诗人林和靖。"疏影横斜水清浅，暗香浮动月黄昏"，林和靖隐逸在此，放鹤种梅，称梅妻鹤子，"众芳摇落独暄妍，占尽风情向小园"，好不逍遥。

在孤山上徘徊，因是雨天，绿意阴沉，倒是满山的香气，隐隐散发出来，说不出是桂香、梅香，还是菊香。一路上，亭子众多，形态各异，特别是半山上的万菊亭，建筑精巧，非常漂亮。孤山位于西湖的里湖和外湖之间，四周被湖水环绕，因东连白堤，西接西泠桥，可谓孤山不孤。孤山有众多人文遗迹，仅西泠桥畔，就有苏小小墓、秋瑾墓，和纪念欧阳修的六一泉、著名的西泠印社等。

"未能抛得杭州去，一半勾留为此湖"，诗人白居易在杭州多年客居，后入仕，于822年至824年任杭州刺史，留下大量关于西湖的诗歌。

"湖上春来似画图"，西湖的每一个角度，都是一幅美景。白堤上，一树一树的碧桃开得正好。沿堤缓缓而行，几丝细雨，时而飘来，时而倏忽消失。绿的草红的花，烟雾蒙蒙的湖，都让人恋恋不舍。

斜风细雨不须归。年轻人三三两两在路上结伴而行，带了宝宝的父母们，只是把婴儿车的遮阳篷放下，给宝宝遮雨。白发的老太太和老爷子，慢悠悠地散着步。游人们不疾不徐，时不时拍照留念。

行至平湖秋月，视线顿觉开阔。"乱峰围绕水平铺"，想那秋高气爽，皓月当空，"松排山面千重翠，月点波心一颗珠"，那是怎样高远开阔的美景？心中生出无限向往。

一路向东，便见一座桥绵延逶迤，如玉带盘绕于湖上，十分好看，此桥曰锦带桥。漫步锦带桥上，向北遥望，宝石山上保俶塔，纤如淑女，秀气端庄，再回想夕照山上雷峰塔，如老僧入定，二塔遥遥相对，相映成趣。

天近黄昏，小雨渐停。远远望见一片灯火，一座普普通通的单孔石拱桥，就在灯火阑珊处。这，便是名满天下的断桥。瑞雪初晴，从宝石山下向下望去，桥拱面因光线照射，雪早早融化，看上去桥身像是断了，因而曰断桥。

断桥残雪，是西湖十景之一。但江南少雪，能看到断桥残雪的，寥寥无几。我们只能通过诗人的诗句，来满足我们内心的向往。"高柳荫长堤，疏疏漏残月。蹩躄步松沙，恍疑是踏雪"，诗人张岱在春夜里漫步断桥，在松软的沙地里，奋力挪行，权当是踏雪。

世人皆言，断桥最美在冬季。但明代画家李流芳的西湖卧游图题跋"断桥春望"，有语："往时至湖上，从断桥一望，魂消欲绝！还谓所知：湖之潋滟熹微，大约如晨光之着树，明月之入庐。"于是，我亦由断桥回望西湖，但见烟波浩渺，山水相映，如诗如画。虽无缘得观西湖四季美景，但得此美景，心亦无憾。

美文赏析　　一说到杭州，人们不由得说起西湖。西湖的景点很多，作者择取了最著名的"杭州三怪"进行重点描写，"长桥不长，孤山不孤，断桥不断"。文中以古代名人诗句为引，移步换景，进行详细描写，强调在场感，因而更具真情实感。

烟花三月下扬州

王彦

烟花三月下扬州。这次，我踩着诗的节拍来看你。

这是一座小城，不大，却精巧。处处绿意，处处明快，处处水波环绕，处处流盼生辉。

扬州的房子不高，黛瓦白墙，环水而建，明丽轻灵。到了这里已是傍晚，吃过晚饭便直奔京杭大运河。还记得高中时，历史老师讲过大运河，这是隋炀帝为数不多的功绩。当年炀帝为赏扬州市花——琼花，也为了南粮北运，开凿了京淮段至长江以南的运河，全长2 000多公里。到了元朝，又先后开凿了三段河道，把原来以洛阳为中心的隋代横向运河，修筑成了以大都(今北京)为中心，南下直达杭州的纵向大运河。镇江到杭州称江南运河，长约330公里。扬州是里运河的名邑，隋炀帝时在城内开凿运河，从此扬州便成了南北交通枢纽，凭借漕运之利，扬州的盐商腰缠万贯，富甲一方。

如今，扬州境内的大运河虽不见昔日盐商运船，却不改旧日繁华。运河岸边灯火辉煌，歌舞升平。运河中，龙舟穿行，游人如织，正应了那句"舟在碧波上，人在画中游"。现代与传统在大运河上交辉。在船舱内一边品茶，一边尝着扬州特产——不吹牛的牛皮糖，想到北京的后海，和这里比起来，大概显得有些局促了。

晚上宿在西园酒店，一座园林，清幽雅致。次日一早醒来，前往中华老字号冶春园吃早点。最喜欢那扬州大汤包，厚厚的汤汁，鲜鲜的味道。出来走几步便是御码头，从这里登船，去瞧那心仪已久的瘦西湖。

泛舟湖上，卷石洞天、西园曲水、四桥烟雨、长堤春柳、梅岭春深、湖上草堂、白塔晴云……一路风景，一路诗意。在狭长河道的顶点，登高极目，湖景尽收。看到瘦西湖，不由想起杭州西湖，二者景致却各有千秋。西湖大气，瘦西湖婉约，亭台楼阁紧相随，二十四桥巧相映，柳暗花明又一村。

有人说扬州人谦虚，西湖"瘦"金山"小"；我说扬州人聪明，懂得"巧借"它们名气，懂得借势发挥。这"瘦"和"小"正道出了扬州园林精巧的特点。而沿途古筝丝竹轻柔曼妙，丝丝入扣，动人心弦，也是西湖所没有的。唯一遗憾的是，以往诗词所言的二十四桥已经不在，只留下象征性的重建物。

清代的时候，扬州有"园林甲天下"之誉，这里的园林又和苏州不同，看看"个园"便觉得了。

个园是历史最悠久、保存最完整、最具艺术价值的扬州园林典范。这座园子因竹石取胜，为中国四大名园之一，连园名中的"个"字，也是取了竹字的半边，应了竹叶的形貌。爱竹之人，自然清雅，主人的情趣跃然于园林之中。主人的名字是"至筠"，崇尚勤耕和读书，园中有楹联为证："传家无别法非耕即读，裕后有良图惟勤与俭。"

"耕读传家"一向是中华民族的传统，而作为盐商，能有此境界更是不易。离开这里，又进吴氏大宅，这里又称吴道府，因为主人当过这个官职。听说这座宅子最兴盛的时候有房屋140多间，很是气派。即使到了今日，吴家依然显赫，一门出了三个院士、一个剧作家，并称"吴氏四杰"。我想，扬州的魅力，不仅在精巧的园和湖，也在于这一代代杰出的人物和文化的传承吧。

美文赏析

本文按照游踪，写了京杭大运河、瘦西湖、个园等扬州景致，于平实的叙述中，涵纳了历史文化和现代文明，并且挖掘出了扬州的魅力不仅在于精巧的园和湖，也在于杰出的人物和文化的传承，是一篇标准的游记散文。